电网
SGCCTOP
头条

电靓和美乡村

赋能小产业
展现大力量

英大传媒投资集团有限公司 编

中国电力出版社
CHINA ELECTRIC POWER PRESS

内 容 提 要

振兴乡村对于振兴中华、实现中华民族伟大复兴中国梦都有着重要的意义。国家电网公司紧密围绕国家2023年全面推进乡村振兴重点工作，高质量完成各项帮扶任务，助力乡村振兴的履责实践，着力打造“电靓和美乡村”特色品牌，展现央企的责任担当。

本书旨在提高“电靓和美乡村”特色品牌的知名度和社会影响力，展现县乡经济的韧性和活力，发掘特色小产业、非遗的传承发展，促进诗意地和烟火气的产业化等。书中讲述了小产业的历史沿革、蕴含的有趣故事，以及电力赋能后乡村的飞速发展。

图书在版编目（CIP）数据

电靓和美乡村：赋能小产业　展现大力量 / 英大传媒投资集团有限公司编．—北京：中国电力出版社，2024.1

ISBN 978-7-5198-8490-1

Ⅰ．①电…　Ⅱ．①英…　Ⅲ．①电力工业－作用－农村－社会主义建设－中国　Ⅳ．①F320.3

中国国家版本馆CIP数据核字（2023）第239182号

出版发行：中国电力出版社
地　　址：北京市东城区北京站西街19号（邮政编码100005）
网　　址：http://www.cepp.sgcc.com.cn
责任编辑：曹　巍　（010-63412609）
责任校对：黄　蓓　郝军燕
装帧设计：王红柳
责任印制：杨晓东

印　　刷：北京瑞禾彩色印刷有限公司
版　　次：2024年1月第一版
印　　次：2024年1月北京第一次印刷
开　　本：787毫米×1092毫米　16开本
印　　张：16.5
字　　数：350千字
定　　价：128.00元

编委会名单

前言

Preface

党的二十大对新时代新征程全面推进乡村振兴作出了总体部署。2023年中央一号文件在部署全面推进乡村振兴重点任务中，突出强调产业振兴是乡村振兴重中之重，要落实产业帮扶政策。

产业振兴是乡村振兴的基础，只有把乡村产业发展起来，建立健全现代乡村产业体系，才能真正实现乡村振兴的总要求、总任务和总目标。

产业振兴，能源保障；乡村振兴，电力先行。

充足可靠的电力供应、优质精准的供电服务，是现代产业规模化、科技化、智能化发展的必要元素。国家电网有限公司坚决贯彻落实党中央、国务院决策部署，努力发挥“大国重器”和“顶梁柱”作用，安排助力产业发展乡村振兴各项工作，持续为乡村振兴贡献力量。

为深入学习宣传贯彻党的二十大精神，落实中央一号文件精神，响应在全党大兴调查研究工作方案部署，发掘产业振兴和乡村振兴新法宝，展现与激活县域经济新动能，我们在公司有关部门指导下，策划实施“电靓和美乡村——赋能小产业，展现大力量”大型系列报道，从社会化视角讲述国家电网服务乡村振兴的故事，目前已经在电网头条微信公众号发布四十多期。“国网故事、社会表达”的手法受到各界广泛好评，在公司系统内引起强烈反响。

为进一步扩大覆盖面、增强传播效果，促进新闻和出版融合，我们精选其中的三十八篇内容编辑成书。本书聚焦“电靓和美乡村——赋能小产业，展现大力量”主题，挖掘绿色电能“点亮人间烟火气”“赋能中华小产业”“扮靓神州诗意地”的生动实践。

我们从历史文化溯源起笔，讲清产业发展脉络，请“秦始皇”“汉高祖”来客串。我们用数据佐证实效，讲透电助产业蝶变的振兴故事，让代表现代高科技的“大数据”“机器人”唱主角，以全新视角观产业、乡村剧变。

打开本书，你会发现，大江南北有那么多各具特色的“美食”“美景”“美业”，勤劳智慧的人们创造出了那么多可借鉴、宜推广的电助产业、乡村振兴的好经验、好做法。

让我们越南北大地，飞四海江河，一起去看中国村之美、业之兴、电之力吧。

目录

Contents

2 扮靓神州诗意地

3 赋能中华小产业

1

点亮人间烟火气

“椒”傲！

有一种辣椒，
“贵”得一骑绝尘。
然而，每年5月，
无数食客不远万里
来到这个湘江之滨的小镇，
只为体验这种辣椒带来的
痛感！

辣，是一种痛觉。
但，痛并快乐着。
痛，是种生存哲学，也是辣椒的极致美学。

短短300多年
霸占中国人的餐桌

作为中国人餐桌上必不可少的一味，辣椒在中国的历史其实并不长。据说，在没有辣椒的几千年间，中国人一直把“遍插茱萸少一人”的“茱萸”作为替代品。

辣椒来到中国后，一切都改变了。最开始，辣椒并不被认为是一种食物，而是被当成了一种观赏植物。

从“番椒”的称呼不难看出，辣椒是位远渡重洋而来的“辣妹子”。它最先在东南沿海登陆，但素来喜好清淡饮食的江浙居民只用来欣赏，对其味道可谓敬而远之。而后，辣椒经长江航道进入内陆，大概花了100年的时间，才从观赏性植物变成一种食物。

然而就在这短短几百年间，它已然打败了所有佐料，征服了大部分中国人的味蕾，而此前的“茱萸”也慢慢仅成为王维诗中的“茱萸”。此后，一场关于吃辣的较量拉开了帷幕。

在中国
吃辣是有攀比心理的

“四川人不怕辣，
湖南人辣不怕，
贵州人怕不辣，
江西人不知道什么叫辣。”

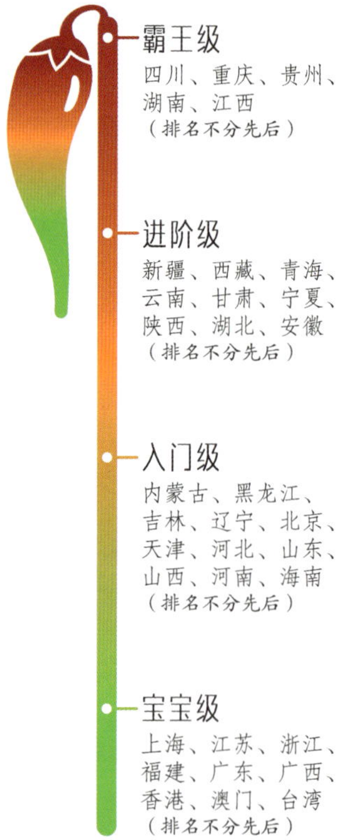

要是比谁最能吃辣，这几个地方的人肯定谁也不服谁。在有“卷王”著称的中国辣椒界，各省人民都在暗暗较劲。

江西、湖南、四川、重庆、贵州，作为称霸中国辣界的重量级选手，吃辣文化氛围浓厚。其中，盛产辣子和“辣妹子”的湖南，仅凭一己之力就消费掉了全国一半的辣椒。据统计，在湖南，每人每年平均消费100斤辣椒。在吃辣这件事上，湖南人绝不认输。“辣子”是湖南人对辣椒最有特色的称呼。

据史料记载，1684年辣椒传入湖南。嘉庆年间，辣椒在湖南就已全民普及。无辣不成菜，无辣不成味。辣，早已刻进了湖南人的基因。

湖南辣椒有多“椒”傲

吃辣要攀比，种辣椒也是。
湖南人同样绝不认输。

湖南辣椒一路进阶。据相关部门预计，到2025年，湖南省辣椒种植面积将稳定在200万亩，产量将达400万吨。辣椒全产业链产值将达到500亿元。

湖南“椒”点为何是它

在湖南众多辣椒品种中，有一种辣椒一飞冲天，价格可以卖到288元一斤，是国内辣椒均价的75倍。食客们却趋之若鹜，只为尝到“辣椒之王”的滋味。

樟树港辣椒盛名已久，有着200多年的栽培历史。作为湖南辣椒界的“头号明星”，它不仅走向了全国，种子也搭载“神舟十四号”飞向了太空。

能上天的“种子选手”，“出圈”的底气究竟何在？

需要特殊气候加持

樟树港辣椒是岳阳湘阴县樟树镇特产。樟树镇位于“一江一港两湖”相夹而成的“小盆地”，土壤耕层深厚，土质微量元素丰富，非常适合樟树港辣椒生长。一旦离开这个环境，同样的种子种出来的辣椒就变了味，好山好水养好“椒”，这也是它贵的原因。

经历漫长时间沉淀

普通辣椒从育种到头批辣椒上市只需3个月左右，而樟树港辣椒却需要200多天。漫长的培育期，让它历经了冷酷的寒冬、料峭的初春，在夏日来临前终于结出了果。正是有了时间的沉淀，它的口感才与众不同。

口感独特层层递进

樟树港辣椒能够凭一己之力，独自成为一盘菜。因为它入口时，微辣香甜；咀嚼时，中辣香脆；品味时，辣而有香；层层递进的口感非常独特，恰好撩拨到人们的味蕾。

“椒”生惯养出的顶级傲“椒”

椒香独特、味道鲜美的樟树港辣椒，在种植和运输上都格外“娇气”。

照顾樟树港辣椒，需要精心细致的程度堪比呵护小宝宝，对温度的把控至关重要。以前，在冬天和初春的早熟栽培阶段，种植户都是用煤火来加温。如今，在电力的加持下，日光灯、浴霸、热风机、自动喷淋系统纷纷上阵，共同为樟树港辣椒守护着25摄氏度的所需温度。

以湖南最大的有机生态辣椒种植公司——阳雀湖农业开发有限公司为例，樟树港辣椒基地的大棚通过物联网控制系统实现了智能化、自动化，遮阳、通风、降温、加温、灭虫等。

8个
辣椒种植连栋大棚

10个
高标准生态种植辣椒大棚

用电量由每年
30万千瓦时
上升
150万千瓦时

“古法种植+现代科技”让温度管控更加精准，辣椒“住得”舒服了，产量能增长10%。能够让最新鲜的樟树港辣椒来到全国各地的餐桌上，冷链运输自然也少不了。

冷链仓储中心从项目落地到建成投用，当地供电公司全流程跟踪服务，让储瀚顺家庭农场负责人杨亮红印象深刻。“从项目落地到建成，供电公司克服时间短、任务重的困难，提前对接我们了解用电需求，建好供电线路和配套设备，让我们办电更便捷、用电更放心。”

为了更好地服务樟树港辣椒产业发展，岳阳供电公司采用定制化服务，全力保障辣椒种植运输用电无忧。

在可靠电力的加持下，樟树港辣椒种植规模不断扩大，特色产业红红火火，村民生活蒸蒸日上，幸福指数“火辣辣”。

对于樟树镇百姓而言，樟树港辣椒不仅是餐桌上的一道菜肴，更是引以为傲的“致富果”。

2022 年
岳阳供电公司投资
219.13 万元

新建及改造 10 千伏线
8.1 千米

0.4 千伏线
4.1 千米

更换及新增配电变压器
600 千伏安

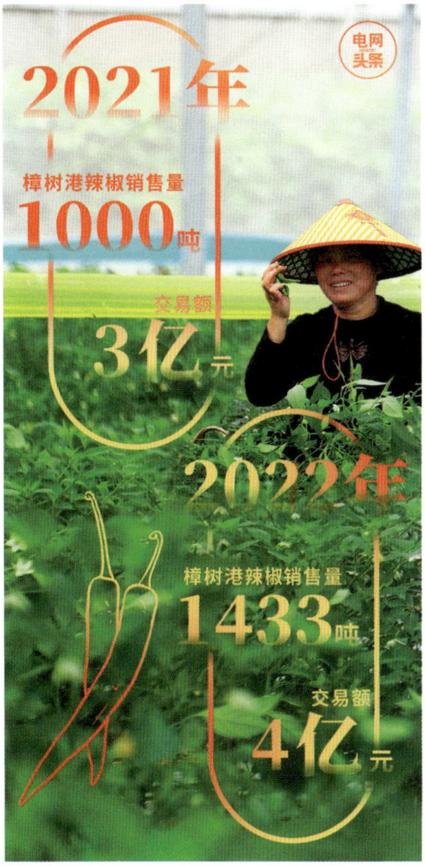

今天，
您“嗦粉”了吗？

相传，
秦始皇为了统一六国
派兵远征南方。
南方盛产的稻米，
让惯食面食的秦军
吃得很不舒坦。
于是伙夫模仿制面过程，
将大米舂成粉，
蒸后搓成条
……
从此就有了米粉。

对于许多湖南人来说，嗦进第一口热辣的米粉，元气满满的一天才算真正开始。

大粗瓷碗，棕黑粗木筷，米白色的粉用清水氽烫，红油滚过的码子往上一淋，再撒上翠绿的葱花，加上剁椒、萝卜条、酸菜、榨菜……就是一碗地道的湖南米粉。

米粉不仅是湖南人满足口腹之欲的法宝，也是他们提起精神头的利器。经过浸泡、磨浆、蒸煮、起皮、切条等多道工序制成。米粉本身没有味道，浇头至关重要。浇头被当地人称为“码子”或“臊子”。

好吃的米粉并非千篇一律，几乎湖南每个地方都有自己的专属口味。岳阳粉细嫩，娄底粉爽弹，邵阳粉厚实耐嚼，常德粉以圆粉为主，盖码味道浓郁。长沙人则是忠实的“扁粉派”，独好那一口原汤的咸鲜。

米粉之间也有较量。众多米粉中，常德粉与长沙粉影响最广，两种米粉一圆一扁，浇头一红一清。常德人和长沙人都认为自己的米粉最好吃。

这场“圆扁之争”直到今天也没有分出胜负，却让米粉在湖南人心中的地位更加根深蒂固了。霸蛮的湖南人有多爱米粉？他们甚至为心爱的米粉打造了一条街。

“湖南米粉街”位于长沙市中心，各市州最具特色的米粉云集于此。400米长的街道汇聚了几十家米粉店铺。米粉店内人头攒动，食客摩肩接踵，为的就是嗦一碗热气腾腾的米粉。

好粉源自好米。为了保障高品质稻米的生产，从田间地头到生产加工企业，随处可以看到供电员工保障供电的身影。

地道好粉当然需要五星好电。以前，这条街用架空线供电。这两年，通过两次电力改造，电线由空入地。

米粉街上有一家湖南米粉博物馆，是集米粉历史文化展示及制作、体验为一体的米粉文化传播基地。

长沙
Changsha
韭菜园
八一桥原味
湘西米粉
永州胖子
老长沙原味
少东家祁阳米粉
杨裕兴面馆
民间沙水粉面馆
湘潭老台门
向东街老玖面馆
甘长顺
御香坊粉店
怀化萝卜湾
衡阳紫竹林
刘聋子米粉
湖南米粉街

如今，米粉街干净整洁，夜间灯火闪耀，碗碗米粉飘香。不仅本地人常来，这里也成为外地游客的打卡地。

为更好地服务米粉产业发展，长沙城北供电公司积极开展个性化服务。

嘬住米粉的一头轻轻吸气，筷子顺手一递，“嗦”的一声奏响了湖南清晨悦耳的背景音——“走，克弗兰恰米粉克（去湖南吃米粉去）”。

就酱

据说，
有一样东西，
东北人
一年吃一次，
一次吃一年。

有了这个心头好，他们能“吃掉二里绿化带”。

什么东西这么神奇？

它就是刻在东北人美食基因里的东北大酱。

扫描二维码观看视频

不得其酱不食！

居家开门七件事，柴米油盐酱醋茶。就连孔夫子也曾说：“不得其酱不食！”。可见酱在中国饮食文化中的地位。

产自东北的大酱，咸甜交融、口感香醇。东北人喜欢酱、宠溺酱，无酱不餐、无酱不欢。

如何辨别东北菜？
只需循着
那缕浓郁的酱香。
准备好了吗？
眼泪要从嘴角流出来了喔！

早在隋唐时期，东北地区靺鞨人就开始种植黄豆来制作大酱。《金史》也有关于女真人制酱的记载。

顺治十年（1653年），清宫建立酒醋房，设酱匠16名，专门制作宫中所用的各种酱和小菜。1926年《双城县志》称“又有豆酱，为家家四时必需之物。”

从古至今，在东北人的食谱里，大酱始终扮演着极重要的角色。

鲜蔬蘸酱

好的食材往往只需要最简单的烹饪方式。新鲜脆爽的蔬菜往大酱里一蘸，一口下去，清新的菜香与浓郁的酱香瞬间萦绕齿间。

酱焖鱼

汤汁浓稠，鲜美入味。鱼肉入口即化，大酱香气扑鼻。

还有酱扒茄子、酱猪蹄、炸酱面、鸡蛋焖子、大饭包……

在东北，能生吃的直接蘸酱吃，不能生吃的就烀熟了再蘸酱吃。

鲜美入味

汤汁浓稠

是酱，也是乡愁

在东北，几乎每家每户都会做大酱。

由于没有固定配方，各家发酵时间也各不相同，故“一家一味”。东北孩子只需在远处一闻，就能知道，这酱是不是自家的。那是盐与豆子在时光中酵变出的美味，是每个东北游子梦回家乡的那一口咸香。

当年收获的黄豆洗净烀熟捣烂，做成2斤左右的方形酱块，放在屋里柜顶上或吊在房梁上慢慢发酵。待到来年农历四月十八前，取下酱块刷净，掰成小块入缸，一层酱渣一层盐，再加入适量净水。接下来的一个月，天天日晒打耙，待到色泽深红时，酱成可食。

传统的制作工艺流程

掏泥于一家食用

电优酱好，香飘万里

传统的东北大酱制作工艺复杂，人力物力耗费大，对温度、湿度和发酵时间要求高，因此产量小。

充足电能的注入使得机械化、规模化生产成为可能，东北大酱得以香飘万里。

黑龙江哈尔滨是东北大酱的重要产地，拥有众多知名品牌。为了提高产能，哈尔滨知名酱厂率先实施全电化流水线生产。

上好的黄豆浸泡蒸煮后，用风机降温。智能化、全自动控温、制曲。传输至发酵池初步发酵后，再装入发酵罐发酵180天。以上工序逐一走完，灌袋装箱。一瓶瓶、一袋袋酱香浓郁口味纯正的东北大酱被运往全国各地。

黑龙江哈尔滨供电公司做好东北大酱生产供电服务。服务送上门，精心保供电。

在电力加持下，大酱产能快速提高。电优酱好，香飘四方。东北大酱产业兴旺，也守护了在他乡的东北人那份酱香情结。

毕竟
有了酱
日子便多了
一份质感
一份滋味

你是粉丝的粉丝吗？

海鲜粉丝煲、
鸭血粉丝汤、
蒜蓉粉丝扇贝、
蚂蚁上树……

粉丝进入国人食谱已1400多年，
粉丝与蔬菜鱼肉禽蛋搭配烹饪，
晶莹剔透、筋道入味、爽滑耐嚼，
让人欲罢不能。

你知道吗，在粉丝界有一位圈粉无数的“偶像”。它来自山东烟台招远，却名为“龙口”，这是怎么回事？一起来听听它的故事吧。

明末清初，山东烟台招远人创造了用绿豆做粉丝的技艺。那里的水质甘甜清冽、空气温润清洁、阳光和煦充足，所产的粉丝丝条均匀、质地柔韧、光洁透明、远近闻名。

酒香也怕巷子深。招远的粉丝虽好，却苦于无良港外运。1860年，招远粉丝开始在龙口港装船集散，包装上标以“龙口粉丝”“招远基本地”字样，“龙口粉丝”得名于此。从那时起，龙口粉丝就蜚声商界、畅销中外。

龙口粉丝的传统手工生产技艺已传承300多年，被列入国家级非物质文化遗产保护名录。其制作方法至今仍然是行业秘密。

2002年，中国农学会授予招远“中国粉丝之都”的称号。

可谓是

“烫磨滤煮晒身经千重沥难、
纤韧莹柔爽玉成万世美餐”

如今，龙口粉丝走上了产业化、品牌化的发展道路。现代龙口粉丝的生产采用全自动的真空抽丝、低温冷冻造型烘干、自动包装等生产工艺。

在保留传统选料和工艺的基础上，制作时间大大缩短，粉丝的品质也得到提升。一座座现代化的粉丝生产车间，如雨后春笋般出现。

如今在招远，粉丝也有了智能化工厂。工作人员在中央控制室就能调度整条生产线，粉丝生产、包装、智能化仓储、物流实现全流程一体化。

从传统的手工制作到智能化电气化生产加工，从粉丝的产销到产业链延伸，“放心电”为粉丝行业提质转型提供了坚强保障。

此外，供电公司为企业量身定制“一企一策”用电方案，提供专业用电指导，全面助力粉丝企业节能减排、降本增效。

2008年年初，龙口粉丝被列入全国10个与欧盟互认的地理标志产品之一。龙口粉丝销往全球，赢得了“玻璃面条”“龙须”等美称。

目前，山东招远是全国最大的龙口粉丝生产基地。银丝缕缕，招来天南海北客，牵动五湖四海情；电力澎湃，催动万千银丝长，串起振兴康庄道。

招远，正在从“中国粉丝之都”发展为具有国际竞争力的高端蛋白生产基地。产业链不断延伸，新格局正在形成，这样的产业振兴路怎能不“圈粉”呢?

双塔
高品质功能性蛋白
深加工基地
双塔食品

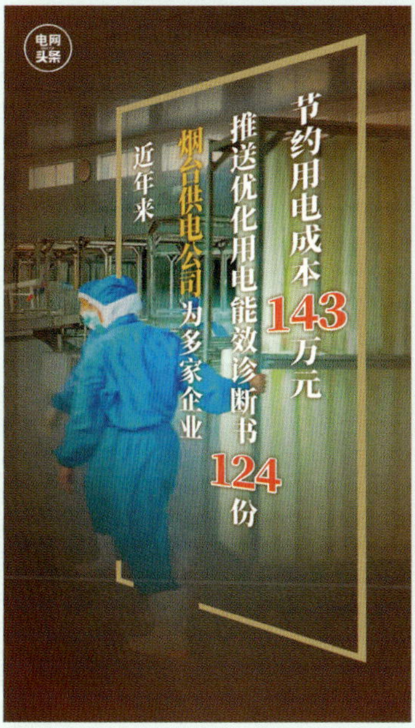
电网头条
近年来
烟台供电公司为多家企业
推送优化用电能效诊断书124份
节约用电成本143万元

电网头条
龙口粉丝
招远作为龙口粉丝的
发源地和主产区
年产量达20多万吨
占全国总产量80%以上
每年销售收入达10亿元
产品远销61个国家和地区以上

电网头条
烟台供电公司
聚焦
粉丝加工
高蛋白生产
粉丝文旅
服务企业
"用上电"
"用好电"
"不停电"

人间至味是鲜咸

食不厌精，
脍不厌细。
中国饮食文化源远流长。

一条火腿的烹饪，
历经千锤百炼。

扫描二维码观看视频

火腿，又名火肉，即烟熏之肉，始于唐，兴于宋。《本草纲目》重订本《拾遗卷九兽部》载：“兰熏俗名火腿，出金华者佳。”

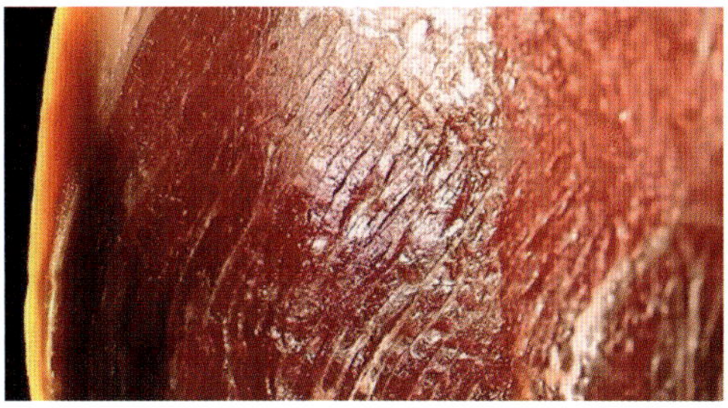

闻香识金华

“珊瑚同肉软，
琥珀并脂明。
味在淡中取，
香从烟里生。”

四句诗，将金华火腿的质、色、味、香描绘得淋漓尽致，不免令人津液暗生，味蕾思动，心生向往。

腌制晾晒好的金华火腿，厚重的熏味与肉质的鲜味配比得恰到好处。

初春时节，采几棵雨后刚冒头的春笋与火腿一起小火炖煮，咕嘟咕嘟，一碗冒着鲜香热气的腌笃鲜出锅了！

肉质酥肥，笋香脆嫩，口味咸鲜，汤白汁浓。这一口，是多少游子魂牵梦绕的家的味道！

制腿有讲究

上好的金华火腿，以金华特有猪种“两头乌”的后腿为专用原料，经修坯、上盐、洗晒、整形、闻香等一系列复杂工艺，历时10个月方能面市。

“忙时务农闲制腿”，传统的金华火腿制作依赖天时地利，只能在立冬至立春之间寒冷的天气下腌制晾晒。

制腿需按时令，需求却在猛增。矛盾看似难以调和，其实可以与时俱进，关键还得技术创新。

2007年，金华引进了第一条自动化火腿生产线。多年来，金华火腿企业保留传统工艺和标准体系，不断升级技术，逼真模仿自然天气变化，实现了火腿全天候、全年度生产。

电足香飘远

现代化酵藏库，让火腿始终在最适宜的环境中发酵。现代化生产线，提高产量的同时，也大幅提升了优级品率。

为了让火腿制造企业在用电方面实现降本增效，金华婺城供电分公司的“能效精算师”，针对企业的生产情况及时提供优化用能建议。

金宇冷冻食品城在精算师的建议下，安装了800千瓦的屋顶光伏设备，从2022年7月并网至2023年4月，自用光伏发电460兆瓦时，节约电费成本10万余元。

如今，电力从生猪养殖、火腿生产到网络销售，全产业链赋能，让金华火腿香飘更远。在技术创新和降本增效的双轮驱动下，千年饮馔文化，源远流更长。

“一条腿”，
带火了一座城，
致富了一方人。
无论走到哪里，
那一缕乡愁的味道，
才下舌尖，
又上心头。

都是“爱你”的形状

有这样一种水果，
红润、小巧、紧实。
外表美丽又脆弱，
带着清新的奶油香气。
一口咬下去，
嘴里瞬间迸发出
令人愉悦的酸甜
……
有人说，它的味道就是
“幸福”。

机智的你一定已经猜到，
这种水果就是草莓。

4000多年前，人类就开始吃草莓

草莓中含有丰富的营养物质，素有“水果皇后”之称。但你可能不知道，中国是世界上种植草莓最多的国家。中国人也吃掉了全世界最多的草莓。

据说，早在公元前2000年左右，这种红色浆果就已经被人类发现并食用了。那时候，它们生长在欧亚大陆和北美洲的森林中。个头小、味道酸，和现在的草莓口感相去甚远，更多的只是被用来观赏和入药。

后来，人们培育出口感更甜的草莓，一时间风靡欧洲。人们以种植草莓、制作草莓甜点为乐。自此，草莓迎来了“家族”繁盛期。到现在，这个“家族”已演变出2000多个品种。1915年，人工种植的草莓引入中国。

24年前，有一种草莓叫“九九”

丹东东港，位于辽东半岛的东端。地处北纬40°，是国际上公认的草莓最优生长带。

这里南接黄海，东临鸭绿江，江海的交汇造就了优越的水土资源。这里昼夜温差大，糖分容易积累，充足的阳光可以给水果上色。适宜的自然条件成就了中国草莓之乡——“东港”“马家岗”“九九”“章姬”……

在这里，草莓“家族”成员众多。但最出名的就是“九九”。

为什么叫“九九”呢？因为这种草莓是1999年进入中国，在丹东东港种植推广的。也有人叫它“久久”，寓意长长久久，但它的学名叫“红颜”。

“九九”草莓之所以品质出众，除了绝佳的气候环境以及采用先进的植物疫苗技术和熏蒸器减少病虫害外，还离不开大自然中一位辛勤“园丁”的培育。

在东港，你会发现每个草莓种植温室里都有一个蜂箱。进入花期后，蜜蜂会根据温度和湿度选择最佳时机授粉。蜜蜂自然授粉能够降低草莓的畸形率，成就“九九”草莓的绝佳品质。得益于广受欢迎的“九九”草莓，丹东东港目前已成为我国最大的草莓生产和出口基地。“九九”草莓成致富果。

几年前，电出指数“莓”更好

在东港，“九九”草莓已形成集种植、加工、销售于一体的产业链——草莓采摘园、草莓文化节、草莓主题餐厅、草莓盛宴，吸引了全国各地的游客，也带动了交通物流、包装产品制造等相关产业发展。

从“田间”到“舌尖”，草莓产业离不开电力“黑科技”的加持。

供电公司开展数智创新，让电力大数据助力草莓产业行稳致远。“电莓发展指数”可全面感知草莓产业用电情况，让供电公司实时掌握草莓种植量、种植户数变化，预判草莓产业发展可能出现的供电容量不足情况，及时制订增容措施。

电足“莓”好。如今，“九九”草莓畅销海内外，名气越来越响，品牌越来越亮。

一起来尝尝幸福的味道吧。

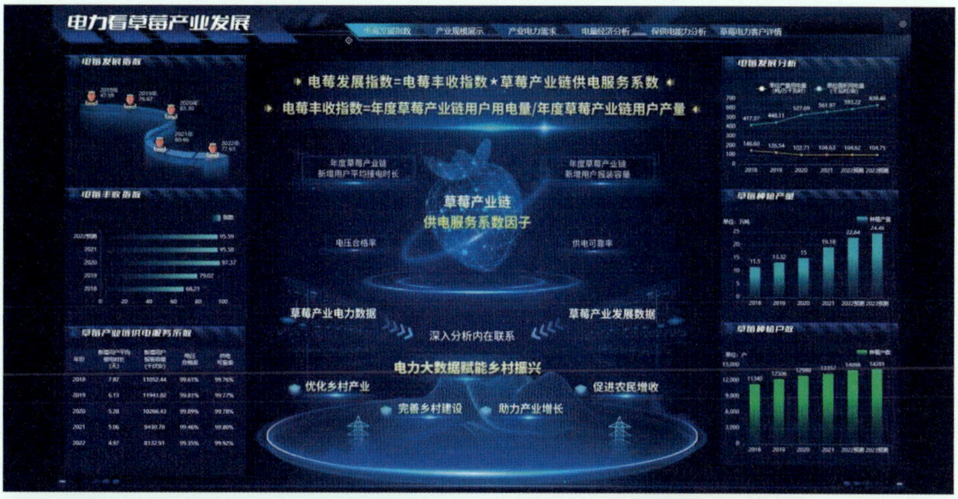
电力看草莓产业发展
产业规模展示
产业电力需求
电量经济分析
保供电能力分析
草莓电力客户详情
电莓发展指数=电莓丰收指数★草莓产业链供电服务系数
电莓丰收指数=年度草莓产业链用户用电量/年度草莓产业链用户产量
年度草莓产业链新增用户平均接电时长
年度草莓产业链新增用户报装容量
草莓产业链
供电服务系数因子
电压合格率
供电可靠率
草莓产业电力数据
草莓产业发展数据
深入分析内在联系
电力大数据赋能乡村振兴
优化乡村产业
促进农民增收
完善乡村建设
助力产业增长

电网头条
供电公司通过"电莓发展指数"提醒我及时增容，帮助我用上了全电大棚全自动设备，草莓生长环境得到精准把控，产量提高了2倍！
——种植户孙先生

截至
2023年3月
丹东东港
草莓罐头 草莓酒 草莓酱 草莓雪糕 草莓饮料……
深加工产品产量近4万吨
出口额超过全国90%
电网头条

这厢有“梨”了

果中甘露子，
药中圣醍醐。
这是《本草纲目》里对砀山酥梨的赞誉。
洁白如玉，
酥脆爽口，
浓甜如蜜，
入口即化。
在干燥的季节里，
吃上一颗酥梨，
一口下去，
沁人心脾。

砀山酥梨的来头可不小，有着三千年栽培史。砀山酥梨的产地——安徽宿州砀山，本就是历史古邑。

据考证，明万历年间编著的《徐州府志》就有“砀山产梨”的记载。也就是说，在400年前，砀山酥梨的栽培已形成规模。

唐代诗人白居易曾在他的诗歌中赞美过砀山梨的美味，将其誉为“天下梨”。从此以后，砀山梨就成为中国传统名果之一，备受人们的喜爱。

如今，砀山酥梨已经成为砀山县的一张名片。该县被誉为“中国梨之乡、世界梨之都”。

砀山酥梨全产业链产值达

86.3 亿元。

天赐一珍、砀山酥梨，皮薄多汁、弹指即破，入口即酥、落地无渣。

普通的梨、苹果咬一口放一会儿就能看到果肉发红，这就是氧化了，但是砀山梨不会。

漫长的岁月里，有了香甜可口的酥梨陪伴，再寡淡的日子仿佛也会变得温暖、满足，有滋有味。

酥梨·绚“梨”多姿

人们怀着对自然的敬畏，探寻酥梨食材的另一种呈现形式。

砀山酥梨盏是将新鲜砀山酥梨挖空放入辅料，用文火炖制而成。甘甜可口、生津养胃，润肺止咳、营养丰富，蒸的柔润、煮的绵香，在这道开胃甜品里相融。

小火慢煮，汤汁的水分一点点挥发，汤汁颜色越来越深，逐渐变成了深蜜糖色。浓郁的砀山酥梨膏就熬制完成了。

空气中开始弥漫起香味，接着是扑鼻的甜味。这味道和烤红薯的味道相似，原来甜是可以闻到的。

梨膏从唐朝贞观年间至今，已有一千多年的传承历史。作为滋补佳品，具有生津止咳、润肺清心的功效。美味的药食同源转化是中国智慧的一种体现。

火候的大小，味道的浓淡，千变万化的吃法，演绎出砀山酥梨的多姿风味。

酥梨·天生“梨”质

“忽如一夜春风来，千树万树梨花开。”诗人岑参笔下的“雪花”在这里变成白清如雪的梨花。

砀山酥梨因自花不育需要用花期提前的黄梨、紫酥梨等梨花进行人工授粉。

黄梨、紫酥梨的新鲜花粉需要先晾晒、烘焙后才能使用。烘焙花粉需要恒温，温度过高或过低，都会造成花粉的质量下降，导致授粉成功率降低。

如今，当地花粉生产基地的花粉烘焙房已经全部改为空调烘焙。基地的工人们夜里不用每小时起床查看温度，花粉质量更有保障。

酥梨成熟后，它的储存也是至关重要的一个环节。当地种植户几乎家家都有梨窖。寒露前后，种植户们将客户订购的酥梨装箱发运，剩下的储存至梨窖。如果放在冷库储存，酥梨表面会鼓起气泡，卖不上好价钱。

但怎么把酥梨运到地窖中，一直是个困扰种植户的难题。

如今，种植户们引进了“电动吊葫芦”，用它将酥梨运至梨窖内。既节省了人力，又节约了物力。

酥梨·“梨”不开电

涓涓电流让酥梨“茁壮成长”。从梨的种植、储存到制作、售卖，宿州砀山供电公司全线护航。

每年制作花粉的季节，供电员工在做好线路特巡运维消缺的基础上，主动对接花粉生产基地和种植户，检查、维护制作花粉的用电设备，助力种植户增产增收。

销售期长是砀山酥梨的独特优势，更是提升附加值、卖上好价钱的有效手段。

酥梨收获期间，供电员工提供24小时上门服务，奔走于梨园和梨窖。

从2016年起砀山供电公司对全县

- 机井实施通电工程 13个镇4097眼
- 建设10千伏线路 47.29千米
- 建设0.4千伏线路 595.57千米
- 新增配电变压器 137台

冬季来临，熬制梨膏成为砀山当地的又一乡村特色产业。

在良梨镇王套楼村，返乡创业青年陈开森经过考察，购置了电热夹层锅熬制梨膏，熬制出的梨膏品质上乘。

咬一口酥梨，品一丝清甜。爆汁甘甜，人间至味。一个个酥梨、一根根银线，一梨一线串起了砀山人的乡村振兴梦。

良梨镇王套楼村返乡创业青年陈开森

“用电方面，我从没操过心。当天去供电所申请，就有人上门安装了动力电，还帮我安装好用电线路。现在，我们熬制的梨膏销往北京、河北、天津等地，年销售额突破350万元。”

何以解暑？
来碗凉皮！

酷暑时节，
如何拯救寡淡的味蕾，
这个“灵魂之问”，
早在秦汉，
就有答案。

扫描二维码观看视频

《长安县志》载，秦始皇当政时，汉中南郑大旱绝收，无米上贡。一位朱姓农民将陈年大米浸泡过夜，石磨成浆，再经沉淀撇去上清，上笼蒸制，投入诸多调料，制成食物上贡。秦始皇尝后大悦，因为这道绵滑酸爽的美食，下令免去当年赋税，钦定其为皇家贡品。虽说凉皮起源成谜，但大家钟爱这个传说，甚至还有诗传世：

秦渡桥头十二郎，
天教巧手弄蒸尝。
细裁玉纸薄筋软，
一点香红动始皇。

不仅是秦始皇，汉高祖刘邦、唐太宗李世民也都留下了爱吃凉皮的故事。

其实，凉皮并不是单指某种食物，而是米皮、面皮、擀面皮等的概称。

如果把面条比作粗犷爽利的大汉，那么凉皮就是柔中带刚的女子。在陕西的大街小巷，一张桌子、几个小板凳，就是一个凉皮摊，从早到晚食客盈门。

一碗凉皮、一把豆芽、一撮黄瓜丝、一勺油

泼辣子，再滴上几滴老醋和料水，拿起筷子翻两下，酸辣裹着清爽的黄瓜香，再疲弱的胃口都能迅速被激活。

陕西人吃凉皮时的粗犷常常让外乡人惊诧。刚烙好还烫手的馍中，一股脑塞入筋道的凉皮，汤料渗出，咸鲜酸辣，唇齿留香。主食+主食，畅快淋漓！

这种清新爽口的冷食小吃，在三秦大地美食榜上不可撼动。

陕西凉皮何处佳，谚语之中有分晓：“乾州的锅盔岐山的面，秦镇的皮子绕长安”秦镇凉皮就是秦始皇点名要的那个贡品。秦镇又称秦渡镇，古之“丰京盛地”，是关中入秦岭进巴蜀的交通要道。

上乘的秦镇凉皮犹如一张光洁的宣纸，白、薄、光、软、筋、香。

切凉皮的师傅手握铡刀威风凛凛，咣咣咣……便把皮子切成筷子般粗细。装碗前在红油辣子里美美地一蘸，白润的凉皮瞬间红得透亮……

秦镇凉皮采用古法工艺，想要色洁如水晶、光润如凝脂，每一步都不能出岔。

2008年，秦镇凉皮制作技艺被列入陕西省首批非物质文化遗产名录。

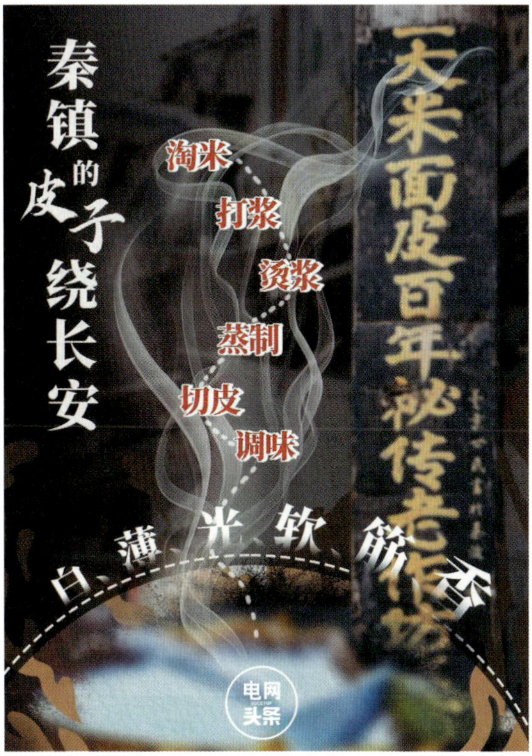

现在，地道好凉皮更有了“五星”好电加持。以前，打浆靠人力，蒸制凭经验，对火候的要求极高。蒸汽过大，凉皮发皱；蒸汽过小，凉皮“吹生”，往往是天还没亮，店家就得在后厨忙。

近几年，商户们引入磨浆机和电锅炉等，让生产效率倍增，凉皮品质更有保障。

电力足、产业兴，如今的秦镇古街，上百家凉皮老字号食客盈门，驱车几十分钟而来的食客，不远千里慕名而来的学徒，比比皆是。

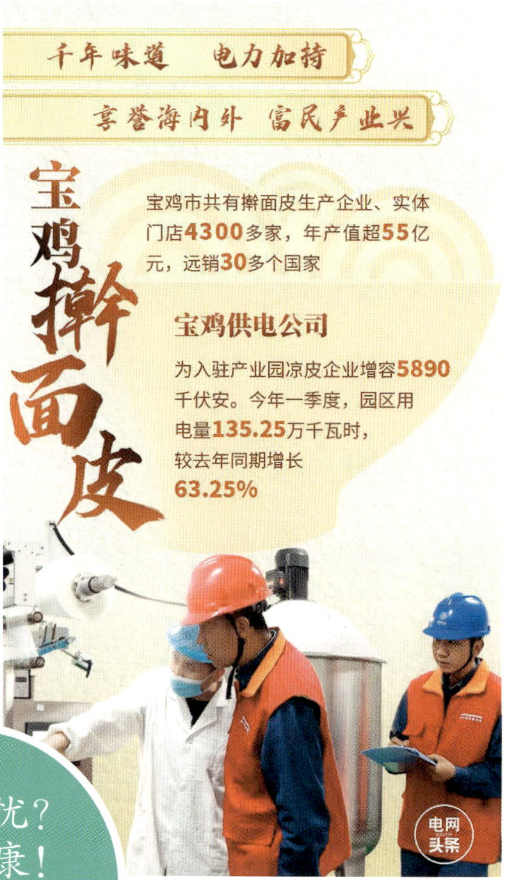

何以解忧？
唯有杜康！
何以解暑？
来碗凉皮！

在中国，对于凉皮的爱早已飞出西北，遍布华夏大地。南南北北的中国人，一到夏天就会想起这道美味小吃。

十的
三次方

海带——大海奉献给人类的珍宝。
夏天为虫、
冬天为藻，
食用味美、
入药效佳。

山东威海荣成是中国海带之乡，海带养殖面积8万亩，产量位居全国县级市第一位。这里的海带茁壮鲜甜、营养丰富。

近年来，荣成坚持科学用海、科技兴海、产业强海，通过聚焦科技强链不断提高海带产品附加值，融合推动海带产业全链条发展。

盐渍加工厂内，智能化流水线紧挨着码头忙碌运转，温度、湿度和风量可实现自动化精准控制。在这里，海带完成烫煮、烘干、盐渍等初级加工工序。

这里丰富的海藻资源和良好的营商环境，吸引着众多厂家争相入驻。荣成供电公司超前开展配套电网规划建设，提供高效的“一站式”办电服务，为客户带来“网购式”办电体验，让每条生产线第一时间“用上电”。经过初级加工，海带身价实现第一次翻10倍。

全自动海带生产灌装机上，各类海带食品新鲜出炉、口味独特。低温生物酶解技术生产的各种“海藻功能营养肥料”，使作物平均增产10%~20%。各色海带深加工产品远销海外、备受欢迎。

“煤改电”替代工程充分发挥空气源热泵恒温烘干设备优势，使产品优品率长期保持在98%以上，成本降低21%。夏季正是海带丰收的时节。荣成供电公司“海带季服务队”提升服务品质，开展“四进大走访”，提供24小时“一对一”贴心服务，助力企业高效节能“用好电”。规模化的深加工使海带身价实现第二次翻10倍。

新鲜海带经螺旋微切技术处理后，通过3道先进工序，提取出3种高附加值的活性原料——岩藻多糖、岩藻黄素、膳食纤维。以它们为核心配料的保健、特医食品等，使海带走向精细加工。高精尖设备的应用使海带产业闯出新路子，同时也对高质量供电提出严要求。

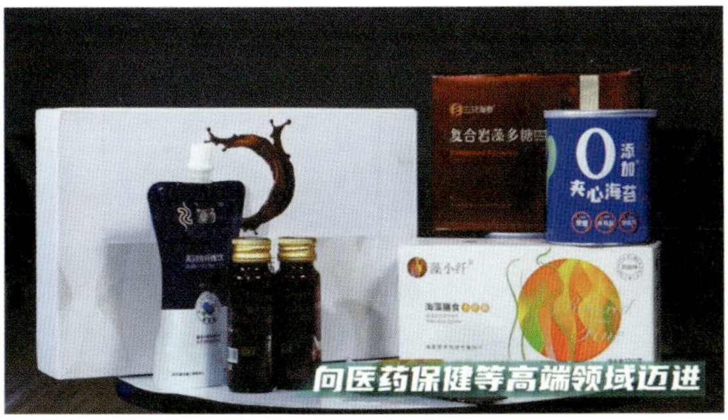

坚强智慧的精致电网能够研判电网负荷变化趋势、实时发布电力预警信息、保障客户用电安全可靠，实现“不停电”。科技引领的精加工使海带身价第三次翻10倍。

从靠海吃海到科技兴海，长路漫漫亦灿灿。十的三次方背后是蓝色粮仓上响起的悠扬渔歌，也是一代代人迈向乡村振兴的坚定脚步。

素食之王

公元814年的一天，
身在长安的韩愈，
收到了一位道士朋友的
特殊礼物——树鸡，
随即让人烹制。

扫描二维码观看视频

一代文豪吃得津津有味，对这种食物大加赞赏，忍不住赋诗一首，称其为“龙耳”，赞其是天赐美味。这么高的评价，放在整个食材界，那都是相当“炸裂”的存在。

据传，在青铜时代，这位“王者”就已被人们栽培和食用。《礼记》中也有关于帝王宴会上食用黑木耳的记载。

木耳性甘平，可药可食，主治益气不饥等，有补气益智、润肺补脑、活血止血之功，古今之人皆爱之。

木耳与各种食材都有着极高的适配度，是中餐中的黑色瑰宝，或作主料，或为配菜。鲁菜代表木须肉、川菜典型鱼香肉丝、淮扬名菜大煮干丝，甚至近年征服国人味蕾的螺蛳粉……如果少了它，就一定少了那口脆嫩爽滑。涮、爆炒、炖煮、凉拌……口感独特的木耳与其他食材在锅中碗里碰撞融合，必能起增鲜添脆之效。

吉林市黄松甸镇地处长白山脉深处。这里无霜期短、冬季寒冷漫长、夏季昼夜温差大，91%的森林覆盖率和清澈的威虎河水，造就了木耳得天独厚的生长环境。

你能想象吗？这里建成了一条长20千米的无污染、纯绿色食用菌生产带。跑上一圈就相当于来了一次“半马”。

在黄松甸，90%的农户都种植经销黑木耳。木耳产业带动着相关产业链的发展。原材料运输、菌种制作、成品销售……小木耳在黄松甸兴起了“大浪花”。

2021年，黄松甸黑木耳步入了发展新阶段。当地政府帮助黄松甸双惠食用菌专业合作社建设吊带黑木耳大棚，以及配套蓄水池、养菌室和晾晒棚等设施。

黄松甸黑木耳

过去，农业生产靠天吃饭，要想收成好，木耳从做菌、养菌、困菌到催芽、采收、烘干，各环节都要严格控制温度和湿度。仅制菌种装瓶后，高压灭菌接入母种这一个环节，就要确保木耳在25～28摄氏度的温度中培养1个月。一旦天气不好，产量和品质都会大幅下降。如今，困扰种植户的问题因全电气自动化设备迎刃而解。

吉林供电公司全面保障万亩木耳标准化示范区建设项目可靠供电。在可靠电力加持下，黄松甸木耳产业规模逐年扩大，农民增产增收喜笑颜开。

正所谓龙耳入盘中，三餐滋味浓，白浪翻飞处，绿电自涌动，若问收成事，难掩我笑容。

走！
去新疆吃海鲜！

没开玩笑，
新疆真的
产海鲜。

日前，“江浙沪等偏远地区不包邮”登上热搜，网友们这下坐不住了。

新疆，这个“离海最远的地方”竟然靠海鲜火出圈了。

新疆，在很多人的印象中是干旱的戈壁、贫瘠的沙漠，这里竟养出了满满的惊喜。

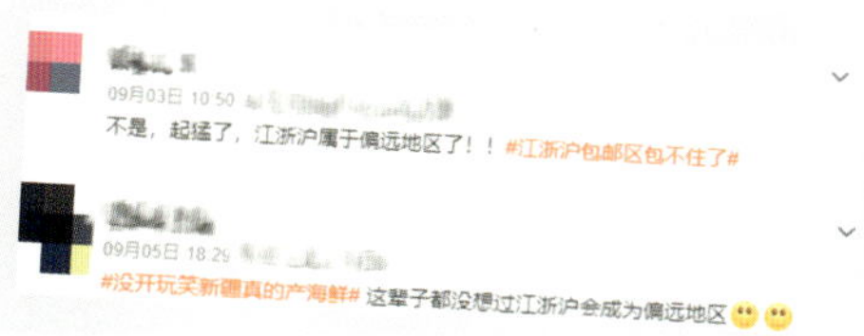

海的故事

你知道吗？

其实新疆很早就开始养殖水产啦！

冰山融水，为新疆养鱼提供了丰富的资源，“三山夹两盆”的地形地貌也为蓄水提供了良好的自然条件。

早在5亿年前，新疆西部是一片汪洋。3亿年前，新疆海域进一步扩大，整个新疆除部分岛状山地几乎被海水淹没。后来，由于地壳运动，海洋变成荒漠，留下了大片盐碱地。

寸草不生的盐碱地，不适宜种庄稼，却非常适合“造海”。加入适量比例的微量元素和益生菌，再加上科技赋能，“内陆海鲜”养殖基地就这样诞生了。

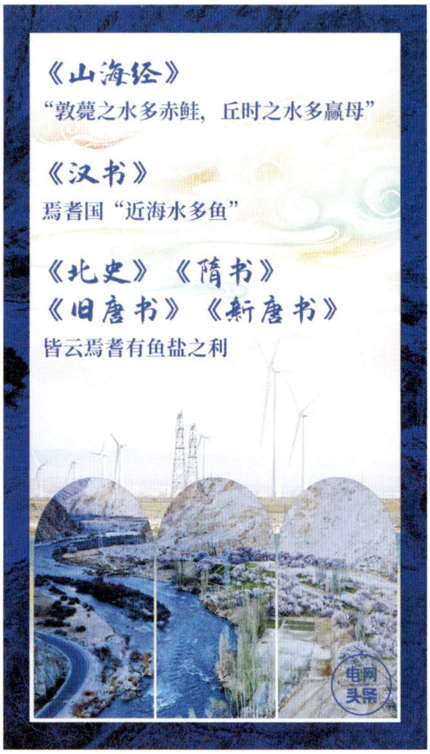

沙漠海鲜

新疆海鲜一炮而红，尼勒克县的三文鱼、麦盖提的澳洲龙虾、察布查尔的罗氏沼虾、阿克苏的南美对虾、巴州博斯腾湖的螃蟹……正陆续丰收，摇身成为水产市场的“翘楚”。一起来盘点新疆海鲜吧！

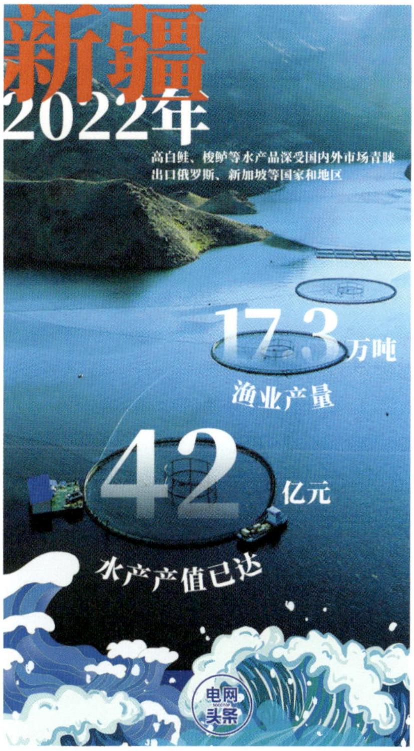

受冰川雪水滋养，尼勒克县的三文鱼全年总产量4554吨，让内陆人实现了“三文鱼自由”。

澳洲龙虾，在塔克拉玛干沙漠会不会水土不服？当然不会！控制好水质水温也可以繁育出肥硕饱满的龙虾。

芦苇摇曳，白鹭翱翔，察布查尔得天独厚的气候和水质为“虾中贵族”罗氏沼虾提供了理想的养殖条件。

赛里木湖被大西洋暖湿气流眷顾，有着绝佳的气候和水质。一排排鱼池错落有致，这里品质上乘的高白鲑，不仅能轻易攻破味蕾，还是减脂群体的“绝佳拍档”。

地处塔里木盆地东北缘，作为典型干旱区的阿克苏，从海南引进虾苗，经过淡水驯化，让这些虾苗最终在这里“定居”繁衍。

“秋风起，蟹脚痒”，眼下博斯腾湖螃蟹迎来了丰收季，水美蟹肥，渔船穿梭。“双节”将至谁不想去嗦一口美味的蟹膏？

这么多的美味，光是看着就让人垂涎欲滴啊！根据第三次全国国土调查，全疆宜渔水域滩涂面积超4600万亩。苗种繁育、标准化生产、精深加工、产业融合……如今渔业已经在新疆形成了一条完整的产业链。

鱼虾出疆

内陆渔业从养殖、存储，到加工、运输，再到包装、销售，每个环节都与电密不可分。

苗种的健康繁育需要高标准的水质，严格的温控，24小时充足的氧气供给。供电公司精准服务，为养殖基地量身定制用电方案，让智能化养殖用电无忧。捕捞上来的海鲜需要迅速冷藏储存，可靠的电力供应为海产品保鲜助力。现代化生产线上，在电力的驱动下，各种机械设备加工、清洁、分拣，极大提高了作业效率，有效保障了卫生安全。

“期待新疆商家入驻……”电商平台向新疆海鲜产销者喊话。“新疆螃蟹成本相对较低，有价格优势。”经销商看准了这里的产品，2023年新疆海鲜在网上热销。

截至目前，国网新疆电力指导客户立查立改用电安全隐患27项，为自治区电商平台物资调配的稳定运行提供了充分电力保障。在先进科技、可靠电力的加持下，沧海可以变桑田，戈壁可以产海鲜。人类的无穷智慧让美丽富饶的新疆再添新特产——镶边的蟹，镶边的虾，镶边的三文鱼顶呱呱！

异军突起的新疆海鲜，为餐桌贡献新鲜食材的同时也让勤劳的新疆人民在追求美好生活的路上步步向前！

何不一起去新疆尝尝“鲜”？

不甜
不要钱

耕耘

在红薯种植销售圈，夏津后赵红薯有着响当当的名号。从当初的“救命薯”，到如今的“致富薯”，夏津后赵红薯走向全国市场。

老一辈“土专家”、新一代“新农人”，夏津人吃苦耐劳、敢闯敢干，共同推动红薯产业形成气候。

种下
“致富薯”
带来新希望

灌溉

以前，村民手挑肩扛，“一棵苗三舀水”。如今，电送到田间，机井涌出清流，让后赵再无“浇水难”。

一棵棵秧苗，化为满仓的收获。后赵建起红薯综合交易中心，方圆200千米内的红薯都往这里送。这里成为远近闻名的红薯交易集散地。每年，这些红薯经线上、线下渠道，走遍山东，走向全国各地。

红薯大丰收
百姓笑开颜

加工

村里建起了加工厂，红薯被制成红薯干、脆皮冰薯、红薯泥等十余种产品，日加工量20吨左右。电，精准掌控冰与火，牢牢锁住甜与鲜。

急冻库将烤红薯无菌冷却至零摄氏度以下，锁住甜度的同时长久保鲜，让烤红薯拥有冰激凌般的凉爽。供电公司的“三零”服务像一场及时雨，让村民致富有了更多的底气。

红薯变成
“金疙瘩”
种出富民
“大产业”

赋能

千米银线，纵横沃野。
可靠供电，助力振兴。

连续六次农网改造，质量不断提升的电力，让村民生活更舒坦，生产更稳定，收益更喜人。

电力惠农红薯香
乡村振兴添活力

振兴

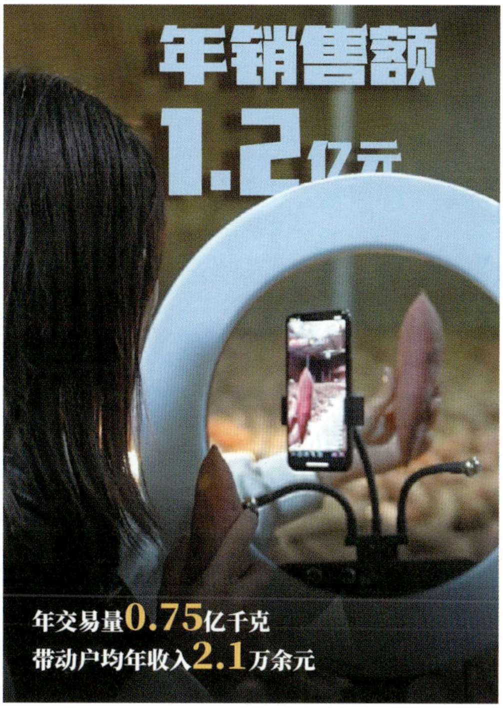

从行人如织的热闹集市，到活力四射的热情带货，红薯的销售模式在变。记忆中的味道，却愈发浓郁。

乡村在振兴，生活在变好。红薯带火了村子，振兴迎来了机遇。

在红薯香甜的味道中，那份深植于土地的质朴与勤勉，未曾褪却。在电力的加持下，创造出一片欣欣向荣的美好。

蜜薯获丰收
订单到地头

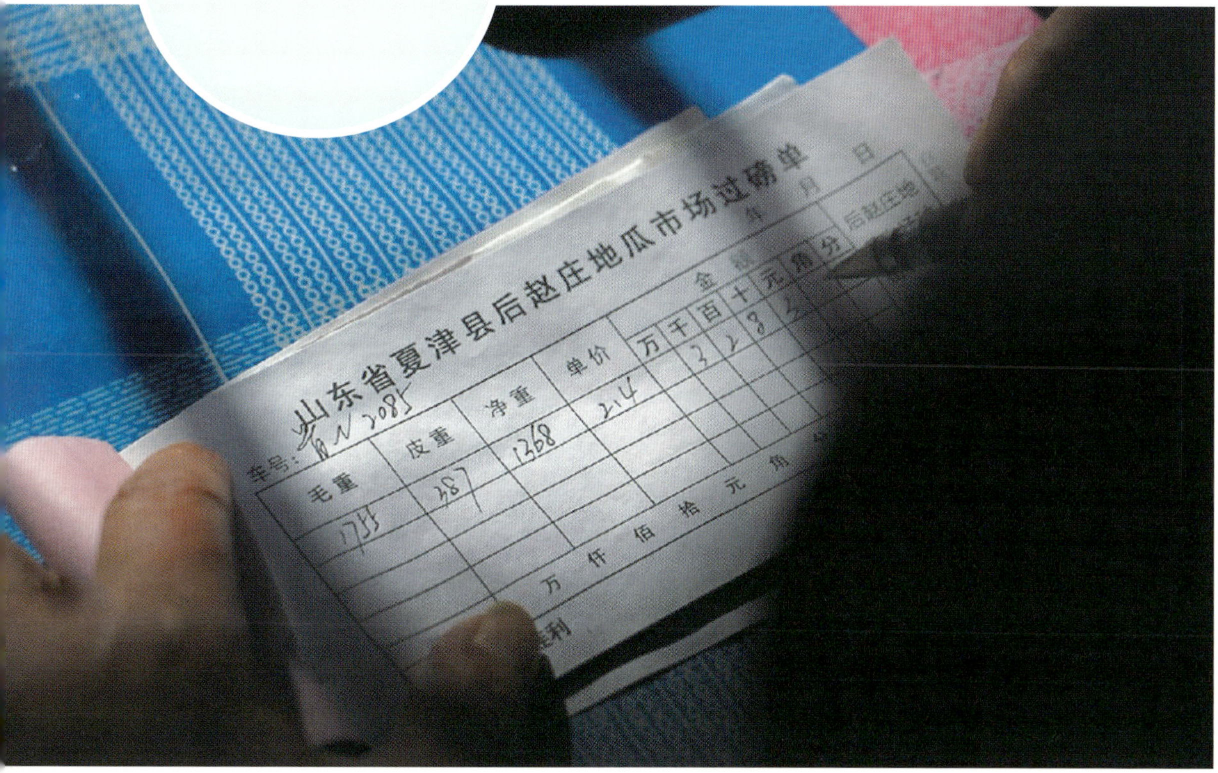

深海盛宴

“网”后“鱼”生

在几百万年前，
人类已经开始吃鱼；
8000多年前，
中国人已经开始养鱼；
3200年前，
甲骨文有了捕鱼的记载；
3000多年前，
姜子牙因钓鱼而“走红”。
因此，
吃鱼，
国人经验丰富。

扫描二维码观看视频

诗句

今天我们的主角有两位，一是据说日照是姜子牙的故乡。二是三文鱼。“三文”不是鱼的价格，也不是鱼的花纹，更不是指鱼的文化程度，而是Salmon（三文鱼）的音译。

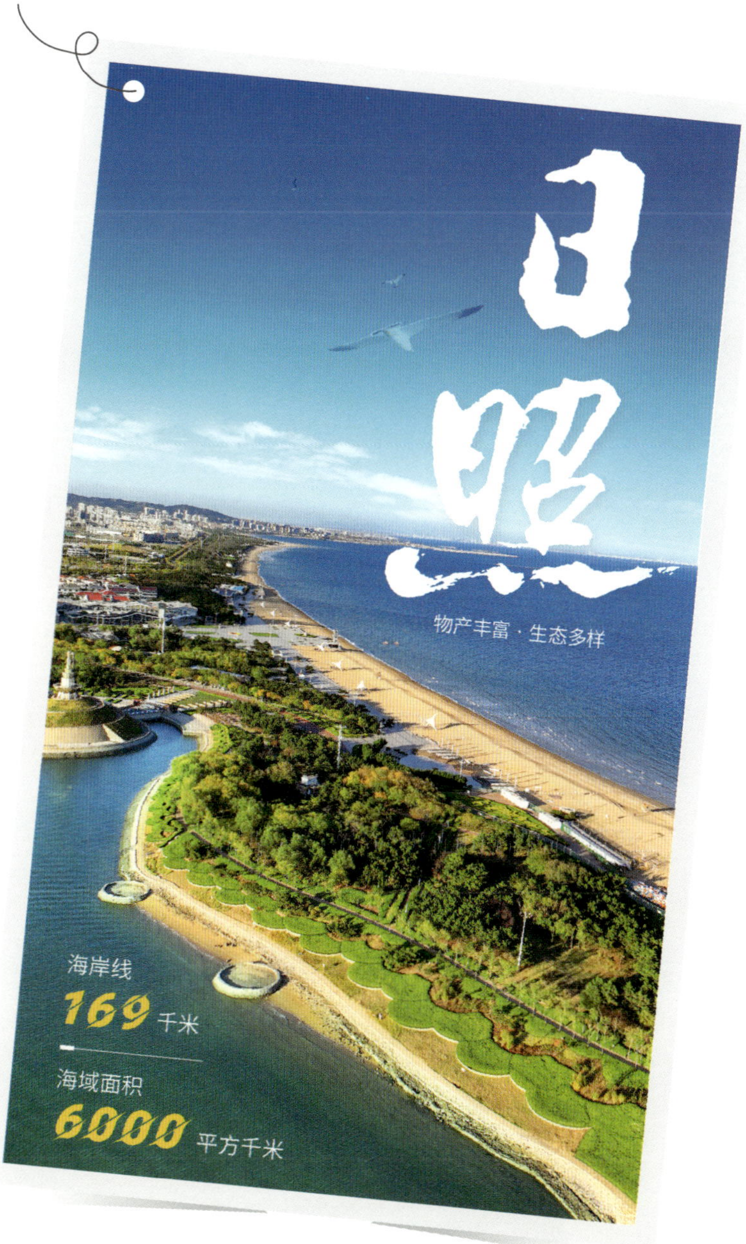

“鲜”机入深海

三文鱼，一种冷水性洄游鱼类，有“冰海之皇”“鱼中之王”的美誉。国内三文鱼海水养殖一度处于空白，三文鱼产品长期依赖进口，年进口量达10万吨。

2018年，世界最大、我国首个全潜式大型智能网箱“深蓝一号”在距日照海岸线130海里的海域投产使用。通过波浪能发电驱动机器注水注气，网箱在天热时可下沉至黄海冷水团，让三文鱼在10~15摄氏度温度层健康生长，三文鱼终于在黄海安了家。

2023年，计划投放三文鱼种苗20万尾，预计产量可达1200吨。

三文鱼营养成分

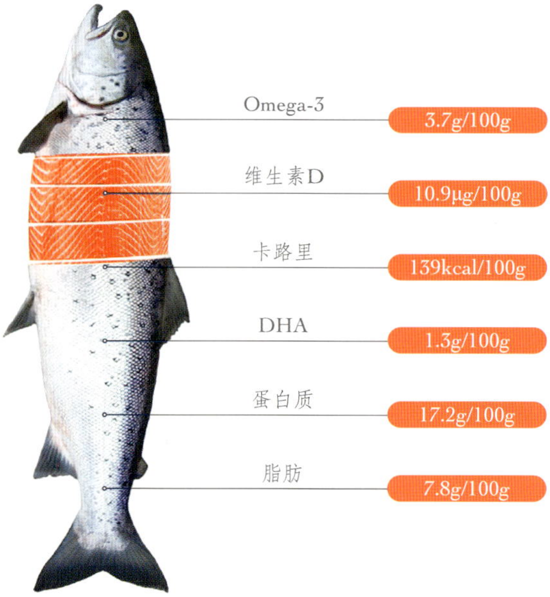

“育”见谋发展

因为三文鱼的洄游特性，一年的淡水环境育苗，15天的海水盐度驯化，是三文鱼深海远洋前的“必修课”。日照市国家级海洋牧场的建立，让三文鱼的育苗、驯化在这里落地生根。

三文鱼对环境的要求异常严苛，溶解氧、水温、水体盐度等数据需要实时监测，3000立方米的水体每天用电量1680千瓦时。

2023年，海洋牧场设计年孵化鱼卵30万粒，可驯化三文鱼种苗规模将达到30万尾，三文鱼养殖本土化就此形成。

“电”链致富路

抢占预制菜产业“风口”，日照更是当仁不让，火热的预制菜大会吸引了240余家国内知名厂商，三文鱼预制菜销量喜人。

食品安全一直是消费者关注的重点，不用担心，鲜嫩肥美的三文鱼在食用之前去骨、去皮等每一个环节，都要在低温环境下处理，然后进行冷冻灭菌、存储。

三文鱼的生产加工有全覆盖的冷链加持，这对供电提出了更高要求，“用上电、用好电、不停电”是电网人的郑重承诺。

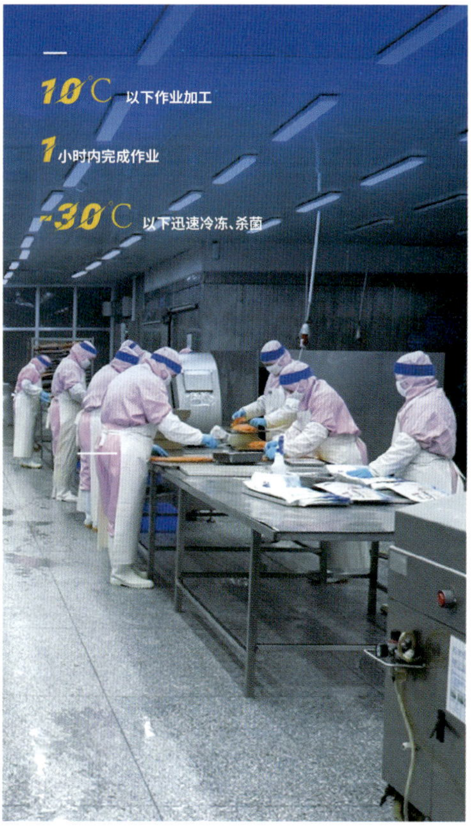

2022年，山东日照供电公司实现了省市重点项目走访全覆盖，累计走访3.8万户客户，满足了2056家企业用电需求。

如今日照的三文鱼产品销往全国各地，出口日本、新加坡、马来西亚等国家。

三文鱼落地日照又走出国门，“向海经济”再添增长点，打出又一金字招牌。

川菜之“魂”

成都举办大运会期间，
在成都的街头走一走，
你会发现餐馆里坐满了
外国友人。
看来，
全世界的吃货，
都对麻辣鲜香的川菜毫无抵抗之力。

那你知道，川菜之“魂”是什么吗？

它是四川人家家必备，调味料界的“大佬”，厨房新手的“天降救星”，川菜大厨的“默契搭档”。

奇思妙想 人间至味

郫县豆瓣酱被誉为川菜之魂。谁能想到，它的诞生，竟源自一个美丽的意外。

相传，明末清初，湖广填四川，一名叫陈益兼的移民跋涉途中饥饿难耐，但身上只剩下受潮的蚕豆。于是他灵机一动把蚕豆晒干佐辣椒而食，发现滋味奇佳。

随后，陈氏家族落户郫县，经营酿造业。康熙年间，后代陈守信潜心钻研豆瓣酱制作技艺，总结出晴天晒、雨天盖、白天翻、夜晚露的豆瓣酱制作十二字真诀。郫县豆瓣酱制作技艺至此臻于完整并流传至今。

温光水翻晒露样样精通
色红褐酱脂香百般风情

不同于普通的豆瓣酱，郫县豆瓣酱成熟之路异常“艰辛”。不愧为名列“非遗”名录的制作技艺。

选材要四川特产的二荆条辣椒、二流瓣蚕豆。制酱则更挑剔，既挑地方，也挑工艺，更挑态度。

制酱地方讲究合适的温、光、水，郫县再合适不过了。亚热带季风性湿润气候冬无严寒，夏无酷暑，空气潮湿，为豆瓣中微生物的繁殖提供了绝佳的环境。

制酱工艺讲究翻、晒、露。
制酱态度少不了“耐得烦”。

三年以下的豆瓣酱色泽红润，只是豆瓣酱中的“小学生”。五年以上的豆瓣酱色泽发黑，才被视为极品。看来，心急不光吃不了热豆腐，也吃不了豆瓣酱啊。

这一套工序下，制成的豆瓣酱色红褐、酱脂香、瓣香脆、味鲜辣。入口初辣后，回甘口感更丰富，香味更醇厚。

不仅能轻易攻破我们味蕾的防线，还富含蛋白质，是好吃又健康的美食。

只可惜郫县豆瓣酱制作工艺复杂人力物力耗费巨大，不利于产业化和市场竞争力的提高。

酱者百味之将
电者动力之源

豆瓣酱是厨师锅里的调味料，豆瓣酱产业是郫都区百姓生活质量的风向标。老百姓钱包鼓不鼓就看豆瓣酱卖得好不好。

为解决生产难题，郫县豆瓣酱自20世纪90年代开始半机械化生产效率较纯人工生产提高30倍以上。

一条条标准化生产线上，各道工序有条不紊地进行，二荆条辣椒清洗、破碎、加盐发酵。二流瓣蚕豆高温杀菌、制曲发酵。二者在条池中按比例混合，经过翻、晒、露。发酵180天后包装出货。

传统酱缸最多可装200千克豆瓣酱，现代化产业线上的发酵条池则可装满12吨豆瓣酱，还有自动翻搅车依次翻搅发酵条池中的豆瓣酱原料。温度、湿度、含氧量均实现在线监控。

这份靓丽“成绩单”的背后有着电力的强大加持。国家电网四川郫都供电公司共产党员服务队聚焦供区内的豆瓣酱、川菜产业园区开展“电管家”“满格电”精准服务，助力郫县豆瓣香飘四方。

在稳定电力加持下郫县豆瓣酱产能迅速提高。

如今的郫都区依托品牌优势打造了全国唯一以地方菜系命名的中国川菜产业园区培育以郫县豆瓣为核心的千亿级产业集群。

帅川菜百味，历沧海桑田。何方神圣？郫县豆瓣酱是也！一勺豆瓣，川菜入魂。它的神奇，有待你亲口品尝。

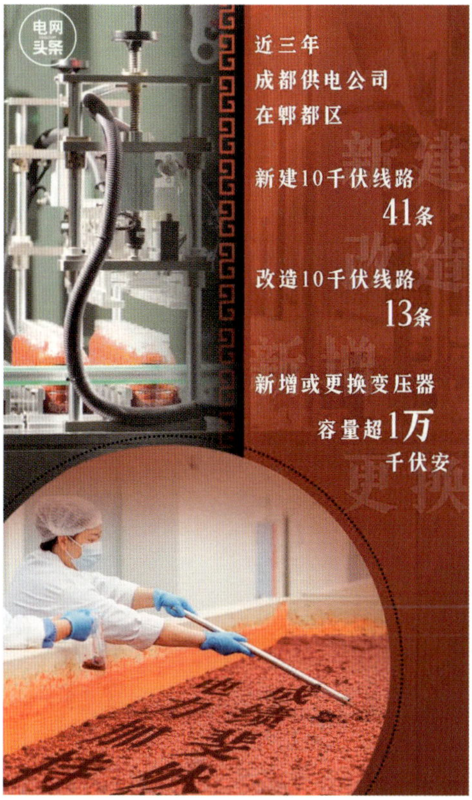
近三年
成都供电公司
在郫都区
新建10千伏线路
41条
改造10千伏线路
13条
新增或更换变压器
容量超1万
千伏安

“三个一服务”
一个月主动上门走访一次
一个季度开展一次安全用电知识宣传
半年开展一次电费电价政策及科学、节约用电知识宣传

1999年以来
销售收入以年均
23%
的速度增长
年出口创汇
100
万美元

“供电师傅服务非常到位！遇到问题，一个电话就赶到。工厂能够高效生产多亏了他们。”
“电管家”
“满格电”
某豆瓣酱企业负责人余文福

花田喜事

山色鎏金，
秋意正浓，
梯田错落，
畦畦稻香。
位于武陵山腹地的重庆酉阳，
有传正是《桃花源记》所写的地方。
从唐朝开始，
这里的人们就精耕细作，
培育出了一种优质大米——酉阳花田贡米。
国庆前后，
酉阳花田何家岩万亩梯田正丰收。
稻花香里说丰年，
不妨一起去看看。

扫描二维码观看视频

好山+好水 出好米

“黄杨扁担软溜溜，挑担白米下酉州。”

土家民歌《黄杨扁担》唱的就是酉阳花田贡米。

重庆地方志记载，酉阳土官第九世冉戴朝在宋英宗即位时，向朝廷敬献花田米。宋英宗食之大喜，钦定花田米为贡米。

传承千年，精心培育。如今，酉阳优质稻米整精米率在60%左右，营养丰富，品尝评价分值在90分以上。

政策扶持之下，花田乡建立10000亩有机水稻核心示范基地，诞生“花田贡米”有机品牌，成功创建了“酉阳贡米”国家地理标志产品。

古法+科技育好田

春种秋收，一粒好米要经过150天的精心培育。花田乡坚持古法种植，养护优质土壤，施用农家肥料，实施水稻间作，防止病虫草害，推广“稻鸭共作”。

当然，还有现代科技赋能农耕。160台振式太阳能杀虫灯，物理杀虫替代化学杀虫；15台摄像头，注视稻田里的一举一动；成立环境保护协会，村民自发护田养田——花田稻米实现了零农药、零化肥、全绿色。

土生土长的花田人何华清种植了4亩多的有机水稻，每年可产稻谷3000余斤，经分装打包后对外销售，带来可观的家庭收入。放眼整个花田乡，贡米种植带动520户农户持续增收。

她记得：

在那集中打米季，
供电服务往前移，
还有移动储能车，
贡米加工不停歇。

有道是：

乡村振兴送东风，
可靠电力巧加持。
花田贡米增产量，
飞入寻常百姓家。

美食+美景

美哉美哉

秋天去酉阳，热气腾腾的当季贡米饭，配上麻辣鲜香的土家菜，午后再来一杯稻米咖啡，踱步梯田拍照打卡，美哉美哉。

花田美不胜收，游客纷至沓来，旅游如火如荼。这背后，有充沛动能支撑，有供电服务无声。

赋能“农旅融合新标杆”，供电投资1411万元，升级改造杆、塔、线，可靠能与城区比肩。2023年9月，花田乡用电量同比增长29%。其中，旅游和农产品加工业同比增长30%以上。

全景梯田靓，
观光走廊美，
旅游心情好。

美丽花田有好米，
盛世桃源今胜昔，
动人故事佐美食，
青山绿水入画里。

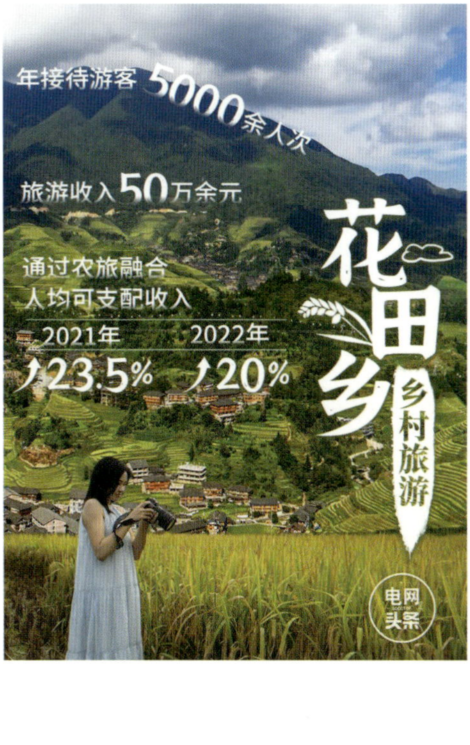

塞上红果甲天下

粒粒朱实莹如玉，
好与闺人缀玉钗。
一颗颗红色的枸杞不但外观温婉可人，
也有滋补养颜之功效。
泡水加一把，
泡茶加一把，
即便可乐、奶茶，
只要加上一把，
便充满健康的气息。
似乎，
当代人的养生离不开——枸杞。

千年养生看红果

2000多年前，枸杞就已经进入了人们的生活。

枸杞与保健的关系是得到历代中医药学家认可的。现代药理及临床研究证明，枸杞子含有多种营养成分，具有保健功效。

枸杞药食同源，抓一把泡水，或者直接吃，低成本进补。精细一些，可以试试养生膳食：枸杞银耳莲子羹、枸杞红枣乌鸡汤、枸杞炖乳鸽……

红艳艳的枸杞还是菜品百搭神器。煮粥、炖鸡、煲鸭、蒸排骨、清汤羊肉……几乎各色菜品撒几粒枸杞点缀，都能增色添香提品。

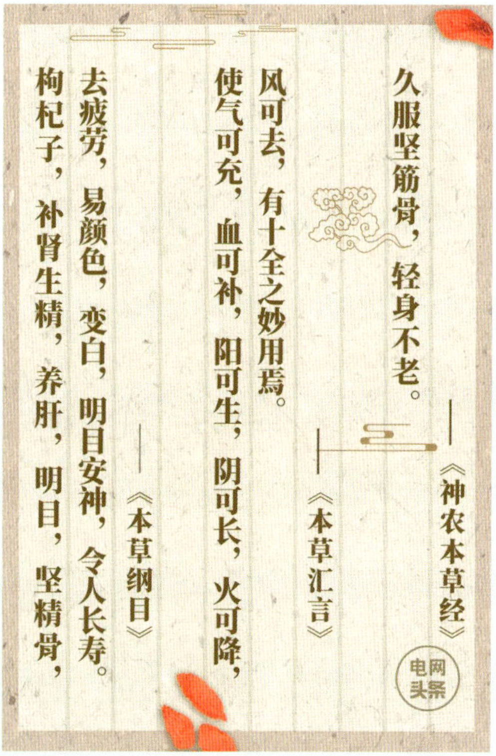

天下枸杞出中宁

要说枸杞哪里好？

宁夏枸杞，如雷贯耳！

宁夏枸杞，宁夏“五宝”中的“红宝”，是《中华人民共和国药典》明确可以入药的唯一枸杞基源植物，也是药食同源的唯一枸杞产品。

天下枸杞出中宁。这里的红果为啥这么红？

中卫市中宁县地处内蒙古高原与黄土高原过渡带，四面环山，光照充足，发源于六盘山的清水河与黄河交汇处的洪积土壤矿物质含量极为丰富。物华天宝，钟灵毓秀，造就了全国独一无二的枸杞。

中宁人工栽培枸杞历史已经超过600年，享有“中国枸杞之乡”“中国枸杞文化之乡”称号。

枸杞树为灌木，高不过三五尺，枝条纤细翠绿。历经3月冬歇、3月春生，每年6月，头茬枸杞上市。

小红果成大产业

如今，枸杞可不只有干果，远在千里之外的你我也能吃到新鲜的枸杞，品尝枸杞原浆、枸杞果糕等产品。

小红果变成大产业，离不开现代化的生产线，以及机器设备的应用。种植灌溉、筛选、洗涤、全自动烘干、深加工等，枸杞的一生都有电相伴。电气化生产使枸杞产品的产量和品质不断提高。

国网宁夏电力以优质电能惠农耕，服务乡村振兴和地方经济发展。中卫供电公司围绕枸杞产业打造“长期驻点”模式，开展“供电+能效”服务，为项目办电开通“绿色通道”，走访客户问需求，提供合理化建议，巡检灌溉用电设备，排查生产设备隐患，助力产业高质量发展。

两千年过去，塞上小红果经历野生、人工选育改良、机械化生产加工，已经从曾经的贡品变成寻常百姓杯中的饮品、桌上的菜品，从“土特产”晋级为“时髦货”，并且走出国门。

今天，你的保温杯里泡枸杞了吗?

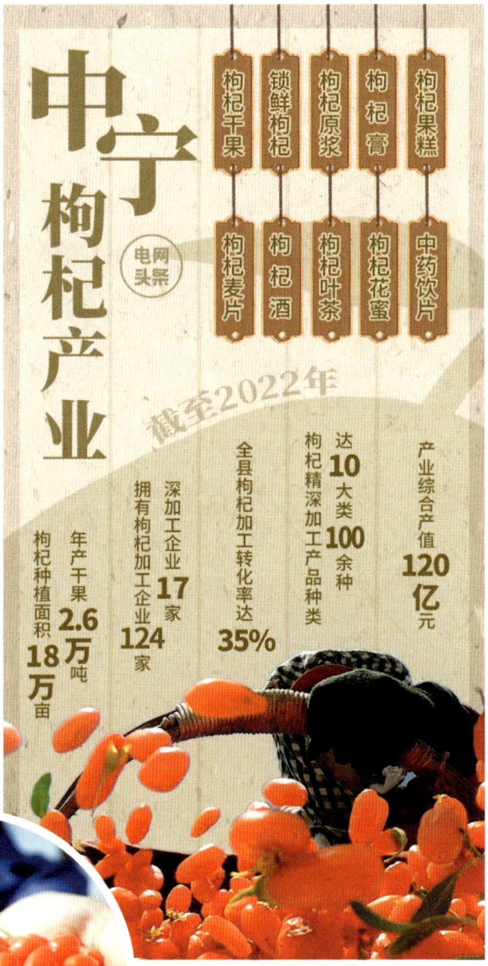

枸杞
产业提升

中宁县8000多户枸杞种植户
使用电烘干机
枸杞成品率提高20%
年替代电量约500万千瓦时

中卫供电公司改造升级电网
新建及改造10千伏线路
402.9千米
0.4千伏线路567.17千米

新增变压器38台
容量共14100千伏安
满足枸杞烘干用电需求

这是不是你的菜？

育得百味长，
开坛万家香。

嫩、脆、鲜、香。

一碟小菜，承载百年记忆，是食客的舌尖之美，也是游子的思乡之情。它就是与欧洲酸黄瓜、德国甜酸甘蓝并称“世界三大名腌菜”的涪陵榨菜。

据传，涪陵榨菜诞生于清光绪二十四年。邱寿安家中的长工邓炳成见青菜头吃不完又卖不掉，便参照家乡腌制大头菜的方法，尝试将其制成腌菜。没想到，这不但让青菜头便于保存，还获得了更加独特的风味。从此，涪陵榨菜诞生了。

乌江山水育“涪陵”

涪陵二字取自“涪水之滨，巴王之陵”。涪陵，位于长江、乌江交汇处，重庆市中部，三峡库区腹地，是乌江流域最大城市。春秋战国时，曾为巴国国都，历史悠久，物产富饶，百货流通。

四季分明气候温和的亚热带季风气候，非常适宜青菜头生长。巴人对盐的认识和使用源远流长，涪陵地区很早就有了腌制咸菜的传统。

大自然的馈赠加之一代代劳动人民的勤劳和智慧，造就了致密、嫩脆、少筋的涪陵青菜头。

南橘北枳，同样适用于涪陵青菜头。移栽至别处，缺少了冬季低温与青菜头生长期的“奇妙缘分”，种出来的青菜头便没了“涪陵味道”。因此，榨菜之乡的桂冠非涪陵莫属。

一碟小菜香飘远

好看不过素打扮，好吃不过咸菜饭。一碟清口下饭的榨菜，在很多人看来，胜过山珍海味。

在涪陵，榨菜的“江湖地位”非同一般，小可持家，中可识人，大可立业。

“媳妇巧不巧，就看家里榨菜好不好。”评判主妇的勤劳贤淑，少不得要看榨菜的腌制本领如何。一到青菜头的收获季节，家家户户、房前屋后，一串串晾晒的青菜头，随处可见。

当年，邱寿安的弟弟邱汉章在宜昌开了间“荣生昌”酱园店。一次宴会上，他向客人介绍“涪陵榨菜”，没想到宾客纷纷被其口味折服，争相订货。从此，涪陵榨菜顺江而下，开启了征服味蕾之旅。此后的十余年间，邱氏兄弟专心经营，家族产业兴盛。

那时，上海人把涪陵榨菜作为赏戏休闲时配茶的点心。由于当时产量少、运输成本高，小小的腌菜竟成了上海滩的奢侈品，甚至有机智的商家在上海开设了涪陵榨菜专卖店。

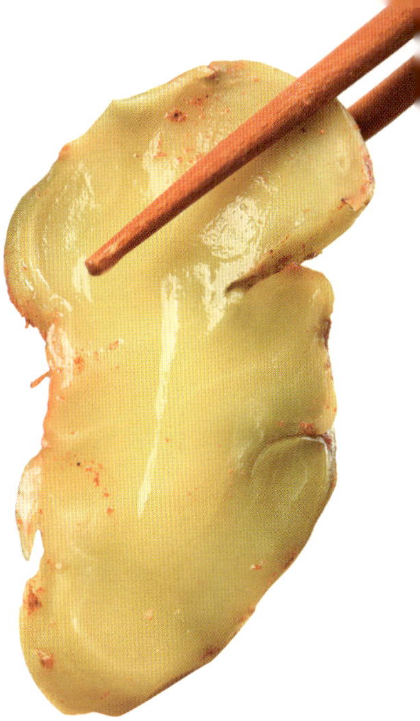

到1930年，长江沿岸四川一带已有百余家涪陵榨菜加工厂，年产涪陵榨菜25万坛。彼时，涪陵榨菜已经名声远播，享誉海内外，尤其深受东南亚食客喜爱。

三腌三榨百年品

“三清三洗”“三腌三榨”——传统的榨菜加工很讲究，这“三四一十二”步，一步不能多，一步不能少，更是一步不能错。

下晾晒架的半干菜，必须当天入池腌制。腌制分三次，中间加压榨。一腌一榨，榨龙骨；二腌二榨，榨龙髓；三腌三榨，榨龙涎。三清三洗是贯穿于三腌三榨的必要程序。一清一洗，翡翠洗；二清二洗，去盐霜；三清三洗，黄玉洗。

繁复的腌制过程使微生物的种类和数量大大增加，形成和积累了更多利于生香的物质，最终赋予了涪陵榨菜嚼劲爽脆、口感鲜冽的独特品质。

涪陵榨菜的生产技艺彰显了劳动人民的智慧，是实践中的创造，是改良后的沉淀，直到今天都是宝贵的历史遗产。

过去，腌制榨菜都是人工操作，仅有竹筐、铁耙等简单工具，生产条件差、产量低，腌制出的榨菜品质也不稳定。

百年发展，去粗取精，设备升级，生产改良，涪陵榨菜的生产实现了自动化、现代化，产量和品质都得到了极大提高。

在现代化工厂里，智能生产线上，脱盐、拌料、灭菌等十几道工序高效进行。“智慧大脑”中控室能够监控产能、能耗、设备状态等，还能自动调整生产速度，实现产品的全程追溯。

充足稳定的电力赋能“国民榨菜”腾飞，在传承与创新中焕发新活力，追逐年轻态、健康化、便捷性新目标。减盐30%的轻盐榨菜、果味榨菜心、养生榨菜酱、速溶榨菜汤……新产品应运而生，老品牌久久生辉。

从手工到机械，从传统到智能，从线下到网络，从涪陵到世界，小小榨菜，撑起一片天，成就大产业。

经冬蕴采厚，春获翡翠千。

一坛好菜，百年传承，品质攀高，初心不变，味道愈加醇厚，香气越飘越远。

“淄”味当道，火了

掌心摊开劲道的面饼，
将冒油的肉串一把攥下，
再卷上山东小葱，
葱、小饼、烤肉的三位一体，
让淄博烧烤的专属手势“火爆出圈”。

淄博烧烤有多火？
拎着喇叭，
向慕名而来的食客宣布：
“店已没肉！速去他店！”
你能想象这是烤肉店老板的日常操作吗？

扫描二维码观看视频

火出圈 杠好吃

“烤”是中国人钟爱的烹饪方式。

“炙，贯之火上也。”这是《礼记》中对烧烤的记载。

街头巷尾、市井里弄，忙里偷闲、把酒言欢。烟火、烤串、啤酒、朋友，描摹出中国老百姓多彩的夜生活图景。

尝过才知道，淄博的烧烤着实独具特色。每桌必有一个两层小炉，底层加热、上层保温。七八成熟的肉串上桌，喜“嫩”或是喜“老”，任由食客自己掌控火候。

提前腌过的肉，放于猛火之上，抹上秘制的酱料。伴随着肉汁酱汁滴落，食材的香气一下子被激发了出来。小饼对折，再卷上小葱，撸下烤好的五花肉，小饼、嫩葱、大串、芝麻盐、蒜蓉辣酱……真是一场味觉欢愉盛宴啊！

烤出色香味

烤串要嫩要香，烤炉至关重要。传统小炉由铁焊成，因结构简单、四周不封闭，易起炭烟。食客们享受美味时，轮流挪动马扎躲避浓烟。为了减少炭烟排放、保护环境，电烤炉闪亮登场了！

“轻松掌控温度，口味没有差别，环境大幅提升，客人好评不绝。”这是淄博烤串名店老板王霜对电烤炉的评价。

为了让客人吃得更开心，老板经营得更舒心，一场烤炉清洁“革命”就此展开。

锁住鲜淄味

淄博烤串之所以美味，除了有好“火”，还能锁住食材的鲜。冰箱、冷柜、空调、鼓风机，这些负责“锁鲜”的设备每家烧烤店必备。新鲜的食材来到烤肉店之前，有的也得在冷冻库里待着。

制冷设备是用电大户，稳定可靠的供电可谓至关重要。为了更好地服务烧烤产业，淄博供电公司开展“供电+能效”服务。

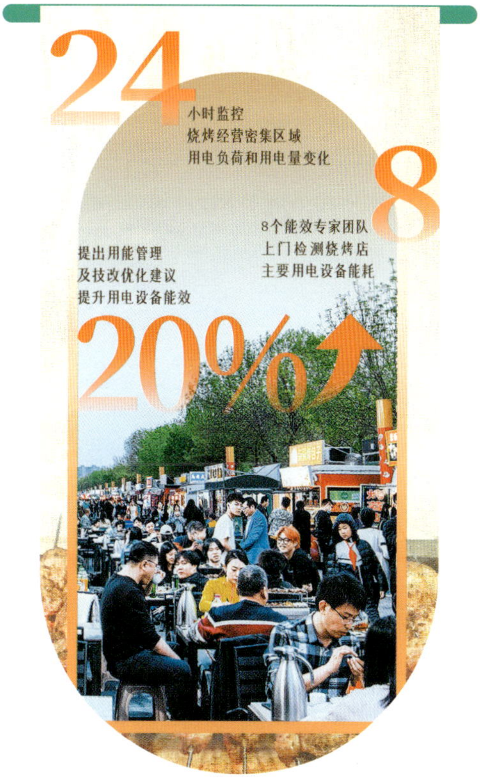

扮靓夜经济

夜幕降临，在灯火辉煌流光溢彩间，淄博迸发出另一种活力。美食广场热热闹闹，挤满了各地慕名而来的食客。很多烧烤店主，迅速扩大了经营规模。

目前淄博有近3000家烧烤店，如果都按照李萍家店面的供应量计算，一天供应烤串3000万串，这足以看出淄博烧烤的火爆。

为支持烧烤“夜经济”发展，淄博供电公司不断优化“宜商三电”服务流程，全力保障客户用电无忧。

“摩肩接踵”这个源自淄博的成语，用来形容淄博夜市的盛况真是再合适不过了。小炉上的烤串正展现着油滋滋的生命力，聚拢起城市的烟火气。

“淄”味当道，一起去吃一顿烧烤吧！

2

扮靓
神州
诗意地

国色“添”香

有一朵花，
始于隋，
盛于唐，
甲天下于宋
……
穿越时空，
盛名不减，
芳华如故，
花开时节动京城，
好一朵牡丹。

扫描二维码观看视频

牡丹花开，国色天香，仪态万方间皆是大国气象。历代古籍中不乏其文，陶瓷玉器上起舞弄影。文人雅士、市井白丁无不为之倾倒。

提到牡丹花，绕不开洛阳城。

洛阳地脉花最宜，牡丹尤为天下奇。牡丹别名洛阳花。一花一城，相互成就。

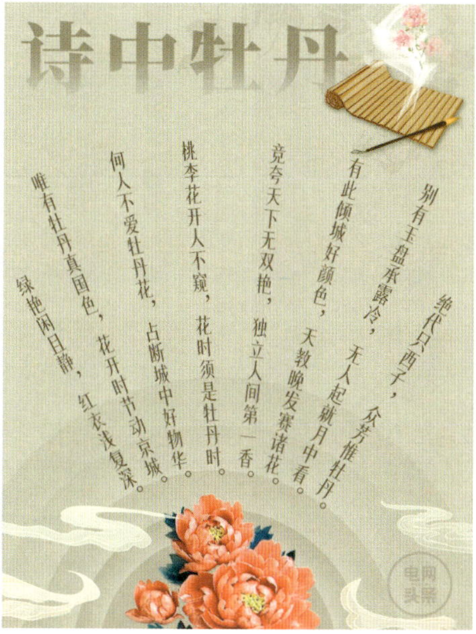

占尽春光好颜色

春天，在洛阳赶上看花，是一桩幸事。二乔、藏玉、竞日，粉中冠、白鹤羽、淑女妆，春水绿波、玉玺映月……洛阳牡丹，好听更好看。

九大色系、十种花形，花大、形美、色艳、香浓。千娇万态破朝霞，疑出洛神之手，惊艳时光。

如果你集齐九张“真国色”色卡，或许可以召唤一个独家春天。

牡丹花开处处香

曾经，牡丹“花开花落二十日，一城之人皆若狂”。

如今，赏牡丹已不是春日限定。

不宜农作的邙山腹地，气候格外适宜牡丹生长。在这里，敷设滴水灌溉系统，安装水肥一体机，土山坳摇身一变，成为花团锦簇的鲜切花种植基地。

供电公司制订专项方案，简化办电流程，开辟绿色通道，增容改造3个配电台区，改造9眼机井配套设施，并推广实施带电作业。

可靠电力让牡丹盛放，也让牡丹“保鲜”。

鲜切花易凋零腐败，“花期”有限。经过修枝补水后的鲜切花，排排坐进全电温控系统的冷库中，进行预冷处理后，等级高、品相好、花期也更长。

一朵牡丹，“久在樊笼”依然娇嫩欲滴。含苞待放的鲜切花热销全国各地，为更多人送去春天。

花开遂人愿，
花田喜事多。
“花样”助增收，
鲜切花“真香”。

花开秀出新花样

牡丹，花之富贵者也。

根可入药，籽可榨油，花可酿酒，蕊可制茶，牡丹浑身都是宝。可靠电力勤加持，富贵花中做文章。

唇齿留香的牡丹花饼，馥郁香甜的牡丹花糖，沁人心脾的牡丹精油……在牡丹文化节期间，IP联名、城市限定，款款出彩，洛阳牡丹不断“玩出”新花样。

牡丹文化节，是洛阳每年的盛景。博物馆奇妙夜，全城剧本杀，国风穿越节……电力扮靓，花样繁多，八方游客竞“打卡”。

从单一观赏向综合性产业发展，从花卉种植向全链条延伸，一朵花正在撬动一个大产业。

供电员工提供保姆式服务，全力当好“护花使者”。“美丽经济”别开生面，一朵国色天香的牡丹因电而愈发娇艳。

- 24小时应急抢修
- 帮助企业科学用电
- 每月提供能效账单
- 及时解决用电问题
- 实地了解用电需求
- 开展电力隐患排查
- 花期提前上门服务

取水之精华
如冰之幻化

大自然，
真是神奇的造物主。
同样是二氧化硅，
仅仅因为结构不同，
就造就了相貌平凡比比皆是的沙子
和晶莹剔透灵气逼人的水晶。

扫描二维码观看视频

取水之精华，
如冰之幻化，
似玉之温婉。

于是，水晶有了水精、千年冰、水玉等雅称。

77万年前 人类与水晶偶然相遇

77万年前，生活在周口店的北京人已经开始使用水晶。这是我们目前所知的人类与水晶的第一次“亲密接触”。

祖先的智慧和勤劳留下历史的温度。考古发现，水晶项链最早出现于新石器时代的大汶口文化时期。

从诞生之初，爱美就是人类的天性。

据说，杨贵妃的“金步摇”也称“晶步摇”。想象一下，“云鬓花颜”的杨贵妃，头顶金子托底的水晶饰品，一步一摇，风摆杨柳，是何等的曼妙与优雅！

▼北京市房山区周口店国家考古遗址公园。

显示威严，标明官阶，装饰佩剑，篆刻印玺……到了清代，水晶的用途愈发广泛。

▲清代的水晶球

映水色不别，
向月光还度。
倾在荷叶中，
有时看似露。

冰清玉洁的水晶，一直被认为是圣洁之物、吉祥之象。

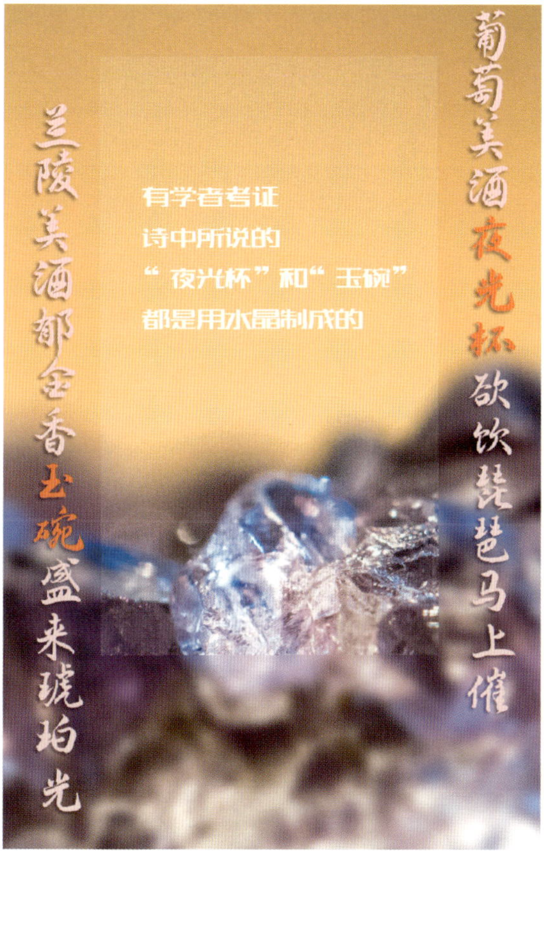

亿万年的造化
成就东海水晶

在距今2亿年～1.35亿年间的侏罗纪、白垩纪时期，今天的江苏连云港东海县境内经历了一次强烈的燕山期地壳运动，形成了断裂构造，为水晶的形成创造了构造与物质条件。

亿万年后的今天，东海便成了“中国水晶之都”。

一揽形胜，
感怀今古。

东海水晶文化，可以追溯到两千年前——汉代戴胜墓中出土的精雕细刻的水晶小佛像和两件水晶小饰品，就是明证。它们也见证了昔日的海上丝绸之路。

一宫瑰丽，
巨著出世。

大闹东海龙王水晶宫的孙悟空，他的“老家”花果山就在东海。正是东海的水晶给了吴承恩“瑰丽水晶宫”的灵感。

几十年来
一把美工刀创造百亿元产值

过去，东海人致富有好运。这里出产的天然水晶杂质少、姿态好，自然能卖出好价钱。

如今，东海人凭手艺和勤劳。一把“电动美工刀”，赋予了天然水晶更多的灵性和更高的价值。

一段机缘，成就了今天数百亿规模的东海水晶产业。1990年，一个东海人用12元购买了一小块钛晶。里面有一束呈放射状排列的金色发丝。直觉告诉他——这块水晶不一般！

经过打磨抛光后，这件被他命名为“哈雷彗星”的作品，被人以1万美元的价格买走。一块仅重200余克的小水晶竟卖出如此高价！这在当时的东海引起轰动。

这个人叫朱景强。由此，他开创了观赏水晶的先河，掀起水晶收藏的热潮，开启水晶文化美学研究之路。

与此同时，东海水晶走上了一条产业化发展之路，并且，这条路越走越宽。

不积跬步无以至千里，不积小流无以成江海。

今天的东海县经过几十年的发展和沉淀，以国际水晶交易市场为中心，打造集产业、文化、旅游、服务于一体的水晶小镇，将水晶产业扩展至整个“生态圈”。35千伏晶城变电站为此提供强大的动力支撑。

近年来，水晶电商迅速发展。2022年“双十一”当天，水晶城销售额突破1亿元，东海供电公司“晶电先锋”党员服务队为水晶产业保驾护航。

小小水晶，饱含着东海人对美好生活的追求。从靠天吃饭，到凭手艺挣钱；从直接销售、简单加工，到打造艺术臻品；从单一产业，到扩展经营、打造“生态圈”……

东海人一步一个脚印，走出了一条创新发展之路！

2021年5月，“东海水晶雕刻”入选第五批国家级非物质文化遗产代表性项目名录。亿万年的造化，聚水之精华、天地之灵气。然而，凝聚匠心与智慧的艺术，更能恒久远。

东海水晶代表的，已不仅仅是东海。它承载着人类的智慧和文明，也正在创造着新的历史和辉煌！

天，山！

天山是一座西域名山。
它是世界七大山系之一，
位于欧亚大陆腹地，
平均海拔约4000米，
在中国新疆境内绵延约1760千米，
在2013年被列为世界自然遗产……

天山不仅仅是一座西域名山。

它是重要的生态屏障，把新疆分为南疆和北疆。向北是风吹草低见牛羊，向南是瓜果飘香丰收忙……

它被无数文人墨客赞颂。“明月苍茫云海间”“千峰万岭雪崔嵬”“山回路转不见君，雪上空留马行处”……

它是丝绸之路的通道，驼铃阵阵，无数文明与之相遇。于这片土地而言，天山，有浓厚的情意……

它为新疆带来了多姿多彩的景观。丹霞红、麦田黄、原野绿、冰湖蓝……这是专属于天山的“多巴胺”穿搭。美景可以治愈你的心灵。

天山之红
是如火般热烈

“丹霞夹明月
华星出云间”

灿若红霞、状貌万千，色如渥丹、绵延不绝。它就是被誉为“天山地理风光走廊”的天山百里丹霞。

生于天山北麓，是大自然亿万年前的杰作。

高耸的单斜山与连绵起伏的岩丘共同构成一幅壮美的锦绣河山图。

这里有女娲补天用的五彩石，有西游师徒历经磨难的火焰山。

▲天山丹霞（马占财 摄）

天山之黄
是山风拂麦田 大漠落日圆

“如果风有形状，
那一定是高山麦浪随风涌”

电影《封神1》中，一句“回家”，雪龙驹载着满身伤痕的姬发穿越一望无际的麦田，回到西岐。

背后是长河落日，眼前是心之故乡。

电影中那一抹无垠的黄色就取景于江布拉克麦田。江布拉克位于天山北麓，万亩麦田伴随山势起伏，错落有致。历经魏、晋、隋、唐，江布拉克见证了天山地区游牧文化向农耕文化演变的沧海桑田。山风拂过，麦浪翻滚，阵阵麦香让人无比安心。

“啊，这就是收获的味道……”

天山之绿是草浪摇曳的旷野

“梦中草原
骏马天堂
天鹅故乡
东归故里”

晴空之下，万里旷野。骑着心仪的骏马驰骋在绵延的巴音布鲁克草原，看光影在云层间自由流动。在这片土地，云与自由都唾手可得。

巴音布鲁克草原位于天山山脉中部，是中国第二大草原。九曲十八弯，13处泉水、7个湖泊、20条河流。源自天山冰川的水在这里缓流交汇。

▲我的草原我的马（马占财 摄）

▲草原与铁塔（周广科 摄）

▲九曲十八弯（周广科 摄）

相传，每年的农历八月十五，人们可以在这里看到“九个太阳”。天边烧起满天夕阳，九曲十八弯倒映出夕阳的九个影子。连绵的霞光披上山头，丁达尔效应下，夕光温柔人惬意。

这里是天山南麓水草最肥美的夏牧场。牛羊遍地，天鹅游弋。这里的水土养育着一方生灵，养育着无数勇敢勤劳的人们。

▲天鹅湖（付睿 摄）

天山之白
是云飘雾绕 雪皑皑

“三峰并起插云寒 四壁横陈绕涧盘”

▲博格达峰（杨全力 摄）

博格达峰位于天池之畔，是天山东部第一高峰。蒙古语里，博格达峰是“至高无上的神灵之山”，是天山的“心脏”。云雾缥缈间，三峰并立、直插云天，峰顶积雪闪烁皑皑银光。

自下而上攀登博格达峰，可见一年四季之景象。山谷里牛羊遍地、草甸青翠，雪线上冰峰陡峭、雪莲盛开。十几种奇异的雪山花卉，翠雀、金莲、金娇……在零下30摄氏度的严寒中盛放，用尽一生的热情装点寂寞的雪岭。

天山之蓝
是水天一色 沁人心

“西望瑶池降王母
东来紫气满函关”

在博格达峰北坡山腰，便是闻名遐迩的天山天池。这一天然的高山湖泊是天山山脉最深的冰碛堰塞湖，是我国最著名的深水湖泊之一。

“瑶池阿母绮窗开，黄竹歌声动地哀。”这是西王母宴请周穆王的地方，他们的传说成就了天界第一“瑶池”。

重重雪峰之中，天池湖水清澈如明镜、纯净如良玉，倒映四周山峦草甸、空中云卷云舒。

▲天池（马占财 摄）

▲雪山绕天池（杨全力 摄）

天山小蓝帽
全电景区——守护天山之美

“保护自然环境 守护天山之美”

从2018年起，新疆昌吉供电公司主动为天池、江布拉克等景区建设全电景区示范点，根据不同用电需求在基础设施、餐饮民宿等领域实施电气化改造，实现景区清洁能源全覆盖。2019年，天山天池景区成为新疆首个5A级全电景区。

电暖天池

加快推进天池景区博物馆、酒店、商铺等场所电锅炉、电供暖等基础设施建设。

目前，天池核心景区4万多平方米、经营户102户已实现100%餐饮、民宿电气化。

电游天池

逐步进行游览设施电气化改造，实现“零排放、无污染、无噪声”。

电行天池

加快景区充电桩建设，保障新能源车主用电无忧。“现在景区交通都用上了电，噪声也小了。天更蓝，水更绿，心情也越来越好了。”来自乌鲁木齐的游客高女士说。

全电景区是电力赋能旅游产业的重要尝试，是电网人对天山的珍重与守护。清洁电能的应用让天山的美更好延续。全电景区正成为天山新的名片。

启程吧
抛开烦恼与迷茫
带着勇敢和初心
与天山对话
让心情自愈
找到属于你的
一方天地

西溪，且留下

一条横木过前溪，
村女齐登采叶梯。
独立衡门春雨细，
白鸡飞上树梢啼。

扫描二维码观看视频

一千多年前，叶绍翁的《西溪》描绘了一幅江南水乡人与自然和谐的画面。

已成为国家湿地公园的西溪，千百年来，一直令人魂牵梦绕，后因一部电影《非诚勿扰》愈加闻名。

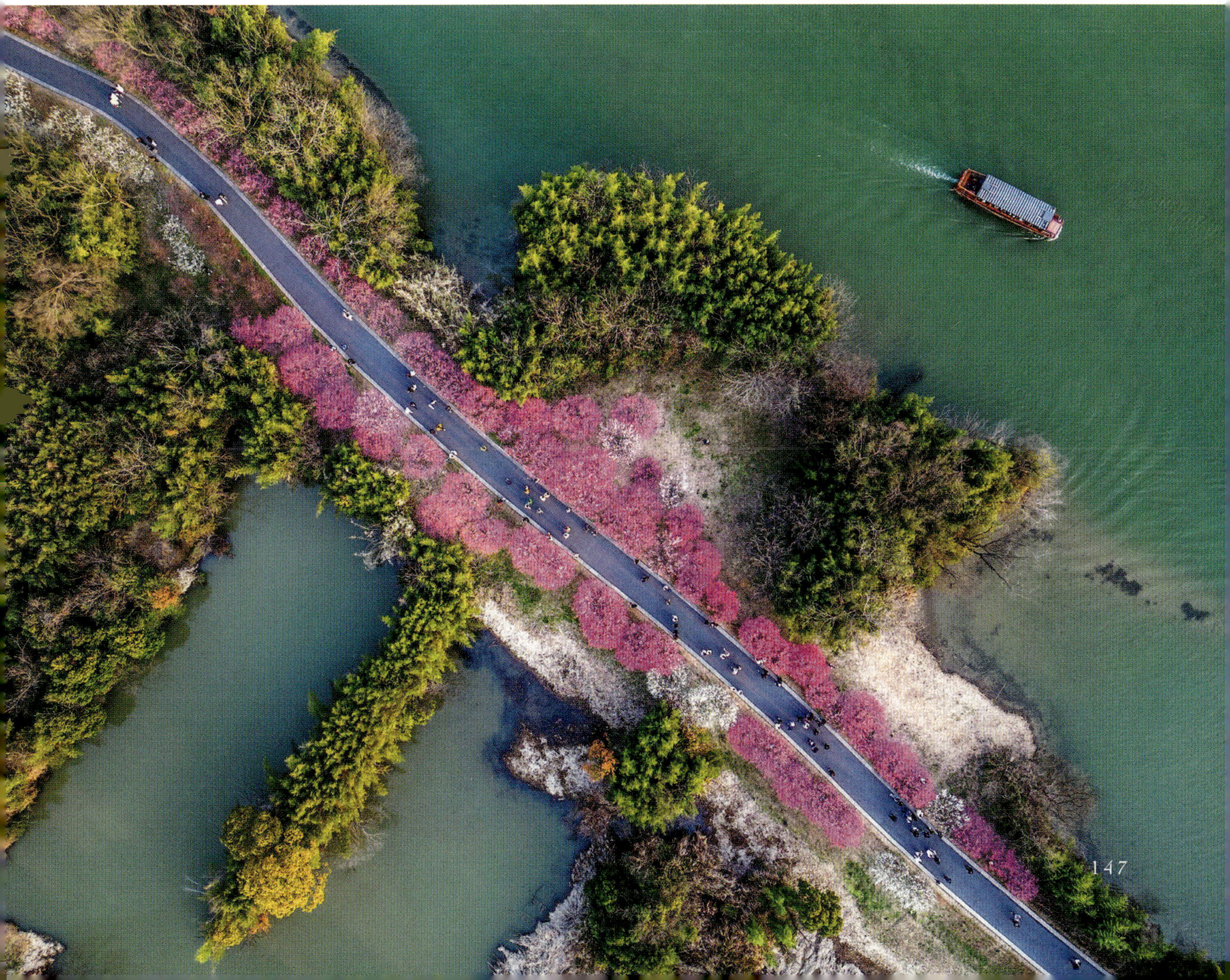

西溪且留下

西溪，位于浙江省杭州市西部。6条主要河道在此纵横交错，数不清的池塘、湖泊、沼泽散布其间。

天目山春夏的洪水流到西溪，便成了湖泊。洪水退去，湿地随之出现。西溪的历史，可以追溯到良渚文化时期。当时，西溪的面积比现在大很多。

虽无弱水三千里，不是仙人不到来。

宋建炎三年，南宋皇帝赵构逃到杭州，被这芦花似雪的西溪美景迷住，欲建皇城于此。后来有人告诉他，杭州凤凰山一带地势高一些，可能更适合造皇宫。他纠结半天，遂云“西溪且留下”。所以，西溪“留下”至今。西溪里的“留下镇”也因此问世。

康熙皇帝在游览西溪后，也感叹它的美景，留下“十里清溪曲，修篁入望森。暖催梅信早，水落草痕深”的诗句。

西溪之胜 独在于水

水是西溪的灵魂。它约70%的面积为池塘、湖漾、沼泽等水域，正所谓“一曲溪流一曲烟”。水塘相连，水道如巷，河汊如网，芦苇荡漾，诸岛棋布，游船穿梭……好一幅令人心旷神怡的水景图！

西溪有“三堤十景”。福堤、绿堤、寿堤，“三堤”取“福禄寿”之谐音，意蕴美好。秋芦飞雪、火柿映波、龙舟胜会、莲滩鹭影、洪园余韵、蒹葭泛月、渔村烟雨、曲水寻梅、高庄晨迹、河渚听曲，“十景”各具特色，让人流连忘返。

一年四季，景致不同。春有微波如皱，夏有一池芙蕖，秋有芦雪纷飞，冬有曲水寻梅，却都离不开一个“水”字。

微风起，水波皱。静谧脱俗，涤荡人心。千百年来的文人墨客，游历、隐居、雅集于此，梅妻鹤子，煮酒吟诗。大量诗文辞章画作，留传后世，带我们重温那份“不是仙人不到来”的闲情雅趣。

唐寅、赵孟頫流连于西溪美景，分别绘就《西溪图》；施耐庵以西溪为背景地，写下了古典名著《水浒传》；徐志摩曾在《志摩日记》中，对西溪的芦苇与花坞尤为称赞……

源远西溪水，既兴了文化，也育了文人。

明尚书洪钟晚年归隐西溪建洪园。园内，碧波荡漾，楼阁参差，峰石崩云。洪氏家族在此繁衍生息数百年，诗礼传家，名人辈出。据说这里曾出过三宰相、五尚书。

西溪之重 重在生态

作为杭州后花园的西溪，也被称为“杭州的肾”——涵养水源、净化水质、调蓄洪水、美化环境、调节气候。

生态好不好，鸟儿最知道。

凤头鹰、赤腹鹰、黑冠鹃隼、苍鹰、红隼、燕隼和小鸦鹃等纷至沓来。每年有近200种候鸟在西溪栖息或过境。

2021年，西溪国家湿地公园牵手德清县下渚湖湿地朱鹮种群重建基地，正式启动国家一级重点保护野生动物朱鹮西溪湿地回归试验。2023年，8只朱鹮在这里安家落户。

▶朱鹮

2018年，为了让城市“呼吸”更顺畅，杭州供电公司联合西溪湿地经营管理公司全面启动景区全电化改造。现代化的电动车船与古朴的摇橹船一起，构建起低碳交通网络，最大限度减少人类活动对鸟类栖息环境的干扰。

2022年年底，杭州供电公司配合西溪湿地“一体化保护提升”改造工程，完成了电力设备升级，供电可靠性大幅提升。

“电力大数据+环保”监测系统在西溪湿地应用。杭州供电公司依托“网上电网”大数据平台“双碳地图”，时刻守护这片碧水蓝天。

西溪湿地作为天然的碳汇资源，年均吸收1.5万吨二氧化碳，为杭州这座繁华都市洗去凡尘。

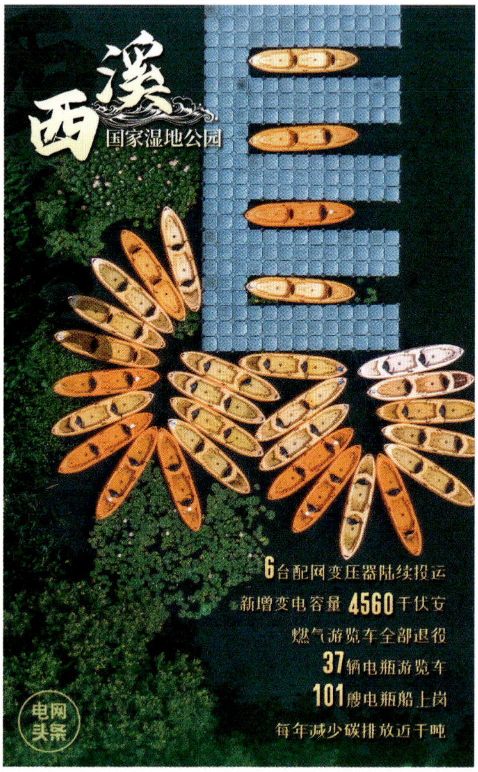

百顷芦荡，千点白鹭，绿水环绕，生意盎然。西溪的一堤一水、一草一木，无不体现着人与自然的和谐。

人不负青山，青山定不负人！

以西溪湿地为中心的大西溪经济圈、文化圈和生活圈正在形成，生态效益、社会效益与经济效益在这里完美统一。

西溪，既是繁华都市的诗与远方，又是共富生活的布局与底气。

西溪，且留下！

天青色等烟雨

相传，
宋徽宗曾做过一个梦，
梦里雨过天晴后天空的颜色让这位颇具
“文艺范儿”的皇帝着了迷。
于是，
他给烧瓷工匠传下旨意
“雨过天晴云破处
这般颜色作将来”
最终技高一筹的汝州工匠以玛瑙入釉，
一场烟雨过后，
在湿度与温度恰到好处时，
汝瓷初生。

千年炉火炼汝瓷

宋代有汝、官、哥、定、钧五大名窑。汝窑为魁，专门烧制宫廷御用瓷器。汝窑，因产于当时的汝州而得名，自宋代以来被视若珍宝，存世稀少，可与商彝周鼎比贵。

由于烧制时间短暂，传世亦不多，现存于世的北宋汝瓷不超过百件。

“书会马街独秀，香山塔韵悠长，汝窑故里话清凉。酒甘天下醉，魔术美名扬。”诗中“清凉”描述的便是曾经汝瓷官窑的所在地——河南平顶山宝丰县清凉寺。

北宋灭亡后，汝瓷烧制技艺从此断代，明清两代人都努力仿制但均未成功。自1988年宝丰县发现汝官窑遗址后，宝丰县第一瓷厂和第二瓷厂尝试重拾汝瓷技艺，让千年汝瓷得以重生。从此以后，在传承和发展中汝瓷产业如日方升，渐渐走进大众视野。

一片匠心为“天青”

汝瓷之美：其形简，内敛含蓄，大美无言；其色雅，风过雨霁，云破天青；其质润，如冰似玉，莹若堆脂；其意远，晨星寥落，禅意婆娑。

釉色温润匀净，青如明镜，绝美脱俗。以天青为贵，粉青为上，天蓝弥足珍贵。

汝瓷泥料产于当地，胎体烧制后，白中偏灰，俗称“香灰胎”。

汝瓷以玛瑙入釉，色泽随光变幻，触之如酥油，抚之如绢。

汝瓷以开片为美，开片本是釉表缺陷，而汝窑匠人化“釉病”为装饰。纹片极细，薄如蝉翼，得名“蝉翼纹”。

汝瓷釉面较薄，釉下气泡疏朗，寥若晨星，得名“晨星稀”。

汝瓷满釉裹足，以足底部芝麻大小的支钉支撑着烧制。

玛瑙入釉

冰裂纹
蝉翼纹
柳叶纹

晨星稀
放大镜下的晨星稀

芝麻铮钉釉满足

电靓天青放异彩

曾经的汝瓷，每一件都是万里挑一的精品。但手工制作工序繁复、难度大，且无论柴烧还是煤烧，烧成率都比较低。

如今，使用电气混合窑，不仅提高了能效，而且给汝瓷烧制注入了新的活力。可靠的电力使窑炉内部温度得到精准控制，让釉面呈现更佳效果，也极大地提高了烧成率。

宝丰供电公司创新工作模式，针对汝瓷企业，主动上门送服务，帮企业用好涉电政策，助力企业发展。

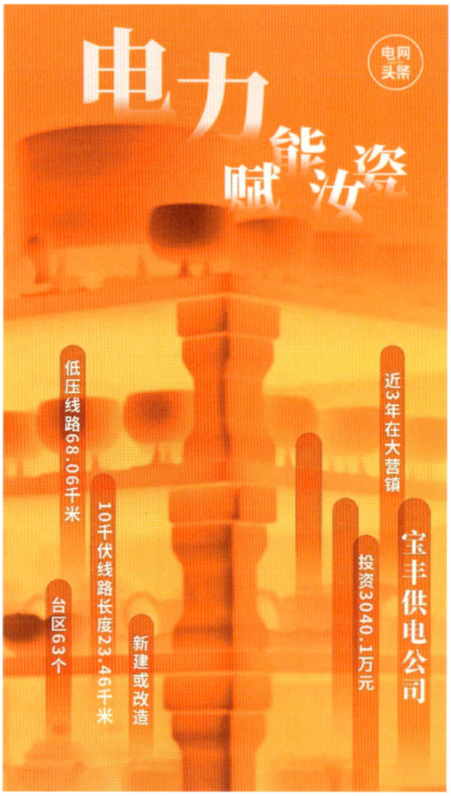

供电员工“开门接电”，全程跟踪项目进度，为企业送上“及时电”。

传承历史发扬汝瓷文化，电力赋能助力产业发展。如今，宝丰汝窑产业的发展势头强劲，涌现出大批工艺大师、非遗汝瓷烧制技艺代表性传承人，产业规模也逐步扩大。

每一次烧制，都延续着千年匠心。每一件器皿，都承载着不变情怀。

以器载道，以物传心。优质电力助产业，千年汝瓷焕新彩。

沉睡千年，已被唤醒。科技、电力的加持下，汝瓷，这件昔日御用珍品，如今走进千家万户。

千年建莲的
美丽邂逅

扫描二维码观看视频

出淤泥而不染，濯清涟而不妖。

自古以来，人们就对莲喜爱有加。它们长势端庄、花开高洁，常被寄予各种美好的寓意和愿景。

莲还非常实用，藕、叶、蓬、子皆可采食。莲子是药食两用的佳品，去心后可煮粥、煲汤、做羹。

好山好水出好莲

中国白莲品种众多，又以福建三明建宁所产的建莲为佼佼者。

这里丘陵起伏植被茂密，海洋季风带来降水和温差，地质矿带富含稀土元素。得天独厚的自然环境，造就了“千年建莲”特有的味道。

建宁城关西门外，著名的百口莲塘，池池相连，泉水潺潺。每当盛夏碧绿的莲叶丛中露出白如玉粉如霞的莲花朵，微风轻拂带来阵阵芬芳……

好莲开出致富源

这里的莲花结出的莲子，是历代皇家的贡品。2006年9月，“建莲”成为国家地理标志性产品。

一方水土养一方人，莲的种植、加工是建宁的支柱产业，农民增收致富的重要来源。一颗颗翠绿甘甜的莲子背后，饱含种莲人对美好生活的奋力追求。

生态效益得两全

种莲人也曾有过困扰。过去，干燥莲子有两种方法：一是靠太阳晒，二是用炭火烤。靠太阳晒，一到阴雨天莲子质量就参差不齐，卖相不好价格上不去。用炭火烤，就要上山寻觅柴火，不仅费时费力还破坏生态。有的种莲人甚至找一些枯木，或者到木材加工厂买木材来烤莲。

不过现在，种莲人有了“好帮手”，问题早已迎刃而解了。2019年，建宁全县开始推广全电智能烤莲，有了全电烘干机和全电剥皮机，莲子剥皮与烘干轻轻松松，莲产业发展更好了。

更令人高兴的是，电烤出来的莲子，受热均匀，外表好看有光泽，品相更好，能卖个更好的价钱！

为更好地推广全电智能烘烤房，三明建宁供电公司提供“保姆式”服务。好山好水出好莲，好莲开出致富源，有了电力好帮手，生态效益得两全！

“千年建莲”遇上“绿色电能”，真是一场美丽的邂逅。

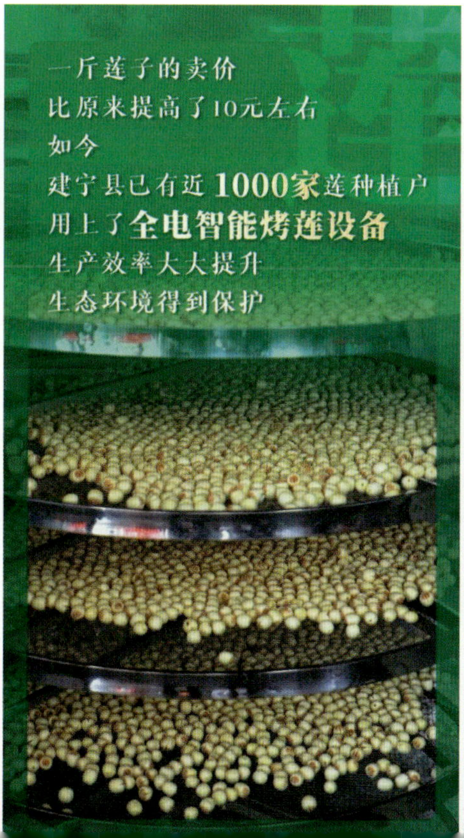

洪湖水呀，
浪呀嘛浪打浪啊

“洪湖水呀浪呀嘛浪打浪啊，
洪湖岸边是呀嘛是家乡啊。”
一首《洪湖水浪打浪》
伴随人们走过半个多世纪。

洪湖，一座历史悠久、底蕴深厚的城市。三国时代的烽火、文人墨客的诗咏、红色基因的传承，都在这里留下深厚印记。

历史上著名的以少胜多的战例之一——赤壁之战，因火烧乌林的大火映红了对江的赤壁而得名，而乌林就位于洪湖市境内。昔日的金戈铁马早已灰飞烟灭，勇气与智慧却世代相传。

如今，这里水面超过百万亩，长江绕城而过，湖泊星罗棋布，数不清的河渠纵横交错。

这里，四季如画，春天花海绽放，夏日莲荷飘香，秋至芦苇荡漾，冬季百鸟竞翔。

这里，是一个令众人向往的梦里水乡。

云梦之地 百湖之市

波撼岳阳城，气蒸云梦泽。云梦泽，又称云梦大泽，中国湖北省江汉平原上古代湖泊群的总称。面积之大，司马相如曾在《子虚赋》里这样描述：“云梦者，方九百里，其中有山焉”。相传楚怀王和巫山神女的爱情故事也发生在这里。

洪湖就位于这片古云梦之地。洪湖，因水得名，作为地名，其来源无确切记载，始见于明朝的《嘉靖·沔阳志》。还有一种说法是，洪湖定名源自康熙。据说当年康熙来古楚地寻找失踪的顺治帝，见一大湖浩渺如烟，问从者何湖，答曰，尚无湖名。康熙沉吟片刻道，此湖乃洪水冲成，便叫洪湖。

历经沧海桑田的变迁，如今这里有135千米长江滚滚东去，102个湖泊烟波浩渺，113条河渠奔流不息。百湖之市、梦里水乡，实至名归。

在众多水上“明珠”之中，有片亮眼的湖泊被誉为“湖北之肾”，它就是——洪湖。这个与城市同名的湖泊，是洪湖市境内最大的湖，也是湖北省第一大湖、中国第七大淡水湖、我国重要的湿地自然保护区。在53万亩大湖的水面上，渔帆点点、荷林丛丛，一派生机盎然。

电网头条
地名之源
《嘉靖·沔阳志》所载
“上洪湖，在州东南一百二十里，又十里为下洪湖，受郑道、白沙、坝潭诸水，与黄蓬相通。”
洪湖

洪湖水产致富路
4个水产专业乡镇
10个水产养殖大镇
洪湖市
水产业产值占大农业比重
水产业为农民带来的纯收入占农民总收入的比重
位居湖北全省首位
均超过
65%
电网头条

鱼米之乡 水产之都

人人都说天堂美，怎比我洪湖鱼米乡，清早船儿去撒网，晚上回来鱼满舱。丰沛的水资源让洪湖又多了“鱼米之乡”和“全国水产之都”的美誉。洪湖市淡水养殖面积逾80万亩，年淡水产品总量50万吨左右，养殖规模和总量连续多年位居全国淡水养殖县（市）之首。

如今，以大闸蟹、小龙虾等为代表的一批洪湖水产品牌享誉国内外市场。洪湖年产螃蟹超5万吨，国内一线城市七成河蟹产自这里。这里的小龙虾同样纵横四海，年产量超10万吨，远销全国及海外。洪湖清水大闸蟹、德炎小龙虾，一举成为“中国名蟹”“中国名虾”。

2021～2023年

洪湖电网共计投资
1.304亿元

新建（改造）10千伏线路
1182.494千米

新建（改造）低压线路
112.944千米

增、换变压器
161台

电网总容量
3928兆伏安

夜晚走在洪湖街头，路边夜宵摊人声鼎沸。餐桌上，小龙虾是绝对的主角。每到金秋，空气中到处飘荡着虾蟹的香味。就连古人都曾云：秋风起，蟹黄肥，九月正吃洪湖蟹。

把电送到池塘边，水产养殖规模化，在电力赋能下，洪湖市树桩河村建成实现智能管控的千亩小龙虾智慧农业养殖示范点；洪湖水产品加工园成为湖北唯一的省级水产品加工示范园区；“洪湖渔家”生态鱼品牌作为湖北全省三大水产品牌，正面向海内外推介。

洪湖之藕 善解乡愁

历史的底蕴相互交融，孕育了洪湖独特的风物。除了秋高蟹肥，这里还有接天莲叶无穷碧的满湖荷香。

洪湖盛产莲藕，驰名中外。这里特有的青泥巴土壤肥力足，特别适合莲藕生长。洪湖莲藕形长而饱满，淀粉含量丰富，香甜可口，自古就流传着“长江的鱼，洪湖的藕，才子佳人吃了不想走”的说法。那一碗浓郁的藕汤是多少湖北人的乡愁。

近年来，洪湖依托“洪湖莲子、洪湖藕带、洪湖莲藕、洪湖荷叶茶”四个国家地理标志，全方位打造区域公用品牌“洪湖莲藕”。

洪湖市现有莲藕加工企业35家，生产近百种莲藕系列产品，年加工产值达25亿元。

产业发展电力先行。如今走进洪湖水乡，一望无际的藕池波光粼粼，独特的田园景象映入眼帘。一个个藕池里，人们忙着采挖莲藕，“鄂电红马甲”乘风破浪穿梭其间，一阵阵的采藕水枪声和忙碌的吆喝声交织在一起，奏响一曲丰收的“交响乐”。

虾蟹肥美、稻荷飘香、鱼米满仓，优质电靓美洪湖，朝气蓬勃产业旺。

“洪湖水呀长呀嘛长又长啊，太阳一出闪呀么闪金光啊，共产党的恩情比那东海深，渔民的光景一年更比一年强。”如今，再唱洪湖水，感恩情更长。

紫色浪漫天边来

紫海芳庭浪漫开，
香云缕缕夜袭来，
仙姿载露农家种，
丽影牵风伊甸栽。

扫描二维码观看视频

每年初夏，中国西北一隅，新疆伊犁河谷的“紫色海洋”从天山脚下蔓延开来。从空中俯瞰，片片紫色花田错落有致，相互连接。这片“海洋”里的紫色小花，有个浪漫的花语“等待爱情”。

这里是薰衣草的世界。你好，欢迎来到“东方普罗旺斯”。

1964年，为填补中国重要天然香料品种的一项空白，新疆生产建设兵团农四师在清水河农场和谊群农场，试种下了10克从法国引进的薰衣草种子。历经出苗、成活、繁育、越冬几大难关，薰衣草正式在伊犁河谷“安家落户”，逐步扩大“队伍”。

紫色花海迎客来

伊犁，地处逆温带，人称“塞外江南”。这里群山绵延、河流纵横、土质肥沃，有着优越的光照、湿度、土壤条件，是薰衣草生长的绝佳之处。

寒来暑往，经过几十年的培育。如今，伊犁薰衣草种植面积约占全国的97%，已成为世界第三大薰衣草产区。

位于伊犁河畔的霍城县，是中国薰衣草花期最长的地方，有着中国最大的薰衣草种植基地、“中国薰衣草之乡”的美誉。

在普罗旺斯和北海道，薰衣草一年只开一季，但在伊犁河谷，薰衣草每年花开两季。6月迎来第一波紫色浪漫，紧接着7月底至8月，薰衣草再次盛开，制造惊喜。

每到薰衣草竞相绽放的季节，紫色花海香气袭人，吸引着八方游客前来一同体验“芳香之旅”。

电助芳香名远播

薰衣草，形色优美典雅，花香清香肃爽，是一种极佳的天然香料植物。在亚洲最大的香料生产基地伊犁，收割下来的薰衣草经过蒸馏、提纯、冷却等一系列精细工序，成为盛名远播的薰衣草精油。

以前，提炼薰衣草精油用烧煤的方式蒸馏，耗时长、效率低，对空气污染较大。现在，伊犁供电公司因地制宜推广电能替代，开展薰衣草加工工艺电气化改造，为当地“芳香产业链”注入了绿色能量。

在供电公司的帮助下，薰衣草精油加工企业引入了全自动的电气化设备，开启了电蒸馏工艺新篇章。生产加工新技术也让当地薰衣草精油制品的锁香率比之前提高了50%左右。

紫色经济致富路

以花为媒、多元融合，如今，薰衣草文化在伊犁生根发芽。“花经济”绽放“花产业”，当地的薰衣草产业走上了多元化发展的道路。

花开会有时，服务无休期。从薰衣草特色种植到各类产品深加工，从“芳香产业链”再到薰衣草嘉年华等文旅项目，电力赋能“紫色经济”。

在可靠电力的加持下，“紫色经济”渐渐开出了“致富花”，走出了一条集薰衣草种植、加工、销售、农业观光和旅游为一体的紫色致富路。

以花兴农、以花富民，一花引得百花开，百花捧出盛业来。薰衣草，这株小小的紫花，正在扮靓山村、带富村民，打造属于自己的极致浪漫。

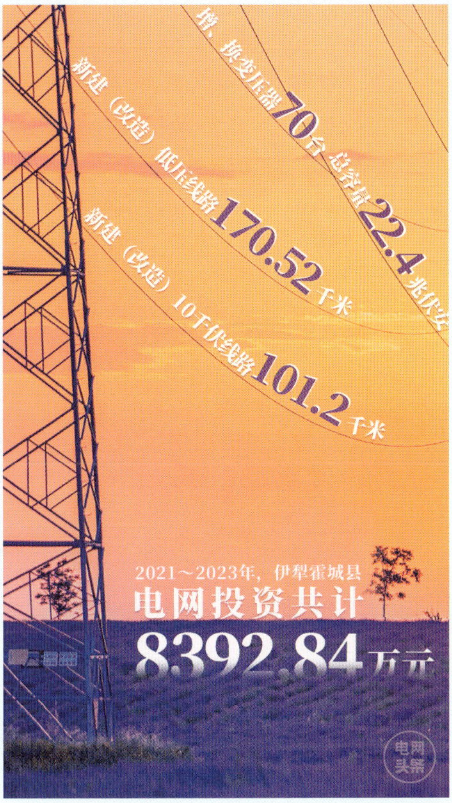
增、换变压器70台 总容量22.4兆伏安
新建（改造）低压线路170.52千米
新建（改造）10千伏线路101.2千米
2021～2023年，伊犁霍城县
电网投资共计
8392.84万元
电网头条

电网头条
薰衣草
2021～2022年
霍城县薰衣草产值为
22.6亿元
带动就业
2万人
共计
4150户
参与到薰衣草种植、
服务、销售产业链中

3

赋能中华小产业

每年十亿双，
全球足下生辉

你知道，人类是什么时候开始穿鞋的吗？

据推测，大约在4万年前，我们的祖先可能已经会用鞋来保护双脚了。目前，能见到实物的最早的鞋，来自4000多年前的楼兰。这双出土的“羊毛款”女鞋，被世人称为“世界第一鞋”。

如今，鞋子除了护脚，还被赋予了更多功能。有的轻便好穿，有的时尚闪亮，有的板板正正，有的彰显个性。

这两年，国潮运动品牌鞋火了，直播间里卖断货的场景令人记忆犹新。但你可能并不知道，国内十大运动鞋品牌中，有9个都出自同一个地方——福建晋江。

晋江，一直是个“很厉害”的地方。在古代，这里是海上丝绸之路的起点之一。改革开放以来，这里经济发展迅速，创造了中国县域经济发展的典范——“晋江经验”。

晋江，连续18年位于全国综合实力百强县市前十，一批民族品牌从这里走向世界，成为世界运动鞋服产品的重要生产基地，被誉为“中国鞋都”。

每年产鞋10亿双

位于晋江入海口的陈埭镇，面积不足40平方千米，却密密麻麻分布着3000多家鞋企，年产运动鞋超10亿双。

40多年前，晋江人敏锐捕捉到了人们对时尚鞋服的需求，开始尝试制作起来。

1979年3月，第一双“晋江鞋”诞生。很快，村村户户都建起了制鞋的小作坊。

逐渐地，鞋业成为当地的支柱产业。依托沿海区位优势和一系列政策扶持，晋江鞋业迅猛发展，从家庭作坊逐步发展为加工厂，生产设备也越来越自动化。

在晋江市政府“品牌立市”战略下，晋江鞋业走出了一条独特的“中国制造”之路。

1双运动鞋 100多道工序

脚型扫描仪、足底压力测试跑道、三维运动捕捉系统……某知名鞋企运动科学实验室里的众多专业仪器令人惊叹。如今，这样的创新实验室在晋江屡见不鲜。

一双运动鞋，从丝线、布料、鞋底到成品要经过100多道工序。从“一根丝”到“一双鞋”，涉及上下游企业数以万计产业链的各个环节。

创新，蔚然成风。

电力真情实意 助力鞋业步步高

生产越自动化、智能化，越需要可靠的电力保障。供电公司量身打造的贴心服务，助力晋江鞋业不断转型升级。晋江供电公司聚焦鞋企用电需求，着力解决用电难点、痛点，服务快、简、好、省。

供电惠企举措让鞋企得了实惠，办电效率高，企业效益也更好了。供电公司创新推出的电力设备租赁模式，解鞋企后顾之忧、助产业发展腾飞。以前，协发鞋厂需要一次性投入30万～40万元购买电力设备，而今只要通过“泉电e享”就可租赁相关设备，每个月只需支付不到3万元租金。

晋江鞋世界，世界晋江鞋。“中国鞋都”让中国品牌走向世界，实现了“让世界穿得起名牌”，也造就了搬不走的“中国制造”。

1995年，陈埭镇第一座110千伏变电站竣工

目前，陈埭镇电网已有2座220千伏变电站，9座110千伏变电站，10千伏线路144回

数量与28年前相比增长了11倍

木材买全球
家具卖全球

在赣南小城南康，
屹立着一座巨大的鲁班雕像。
这位2000多年前的奇人
是中国木匠界的祖师爷，
而南康木匠的故事
也可以从2000多年前说起。

扫描二维码观看视频

据说，秦朝时期赣南是一片原始森林，这里产的佳木良材让秦始皇瞧上了眼。他强征木工到赣南伐木建阿房宫，木头是砍走了，木工却留下来不少。

“回峰乱嶂郁参差，云外高人世得知。谁向空山弄明月，山中木客解吟诗。”一代文豪苏轼，听罢木客的故事也忍不住赋诗抒怀。

宋元两代，赣南是全国的造船中心，许多著名的造船师傅是南康人；明代南康木匠有一大杰作，就是修建明故宫；清代，赣南百分之八十的客家围屋出自南康老师傅的手艺。

赣南各地的亭台楼阁、祠堂庙宇、廊桥土屋、精巧家具，都体现了南康木匠的匠心独运，技艺冠绝。

历史的车轮滚滚向前，南康深厚的木匠文化传承千年。20世纪80年代，南康木匠带着祖传手艺南下谋生，在珠三角一带打响了南康“木匠之乡”的美名。

月是故乡明。20世纪90年代，部分在珠三角闯荡的南康人选择回乡创办家具厂，为南康家具产业的发展埋下种子。近些年，南康人更是在政策的支持下，凭借“一把刨刀，一根锯条”将南康打造成全国闻名的家具生产地。

从空中俯瞰南康家居小镇，青山绿水环抱下，三枚鸡蛋造型的建筑傲然挺立。一家家龙头企业在这里落地，一件件家具从这里发往全球，一个千亿产业“破壳”而出。

这里设立了全国第一个进口木材内陆口岸——赣州国际陆港。

偌大的生产车间内机器林立，十余条生产线紧密配合。伴随着轰隆隆的“伴奏”，工业机器人灵活舞动，取、夹、放一气呵成……南康人并不满足现状，誓将匠心与科技交融。

“单一产品”到“全屋定制”
“简单模仿”到“原创设计”
“南康家具”到“南康家居”
“南康制造”到“南康智造”
……

制造转向智造，有一样东西必不可少，那就是稳定可靠的电力供应。江西赣州南康供电公司秉承绿色低碳的理念，为南康家具“智造”提供全方位的供电保障，让“电等企业”成为常态。

供电公司当好“电管家”，为企业提供个性化服务，让企业用电节能又安全。

木之奇，奇冠天下
匠之绝，绝于尘寰
刮砍凿刺有绝技
锯锥钻锛功夫硬

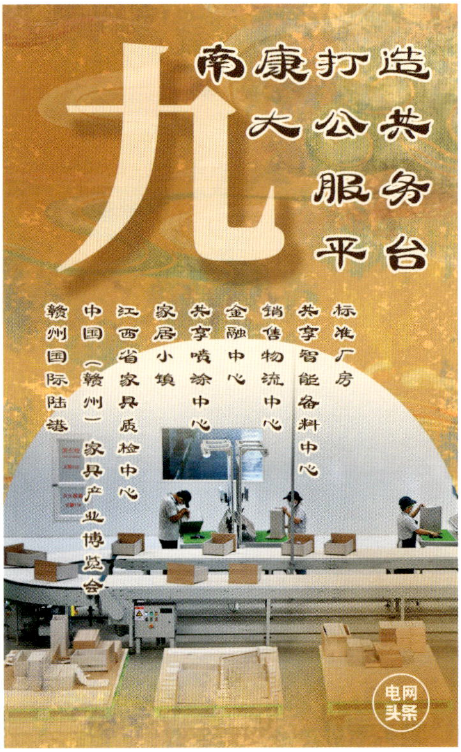

古代中国的木匠似乎有着“洪荒之力”，给他们一堆木头，就能还你一个意想不到的世界。

一群人、一股劲
一块木头、一门手艺

书写了一部南康家具自强不息的产业发展史，当代的南康木匠同样“能量惊人”。

听，他们说：“让世界有家的地方就有南康家具”。

- 获得电力指标名列赣州市第一名
- 推广“云电贷”临电租赁
- 客户经理跟踪服务
- 一企一策量身定制

花市灯如昼

“凤箫声动，
玉壶光转，
一夜鱼龙舞。”
中国灯文化源远流长，
历经千年。

中国人对灯有着深厚情感和价值寄托。光明、智慧、希望……所有美好的向往都在其中。现代人解读“灯”，有火有丁、人丁兴旺。但最早，它是金字旁，属插烛器具。烛执于手、引路执烛者，亦即光明使者、光明向导。

彩灯是一种古老的工艺品，既可照明、亦能观赏。结合绘画、雕刻、纸艺、刺绣等工艺的彩灯，古时燃烛、如今用电，利用光影效果呈现精彩的视觉盛宴。彩灯唱主角的灯会是传承古今众人皆爱的民俗活动——

“家家走桥，人人看灯”
“花灼之盛，无逾闽中”
“一亭燃四五百灯、辉丽万有”

秦淮灯彩造型别致、一水一景。泉州花灯工艺独特、图案精巧。自贡灯会气势壮观、规模庞大。北京宫灯大气庄严、做工考究，充满宫廷气派。

用于庆贺、怀念、祝愿的彩灯，被人们赋予美好的想象，逐渐演变为一种传统的文化符号，贯穿今古。如今，灯俗延续。每逢佳节庆典、吉日喜事，人们都会张灯结彩以示庆贺。其中，最为经典的灯饰之一便是大红灯笼。

始于东汉、盛于隋唐、进贡宫廷。藁城宫灯历史悠久。灯架为骨、外裹红绸，红红火火、喜庆吉祥。相传，清乾隆皇帝南下发现此灯，带回数盏悬挂宫中，得名“宫灯”。

藁城宫灯有五大系列200多个品种，1800多家农户从事宫灯相关产业。样样红宫灯厂加工制作宫灯已有16个年头。传统宫灯工艺极其复杂，共有56道工序。如今，经过现代工艺的改良发展，藁城宫灯已经形成了机械化、规模化的生产模式。

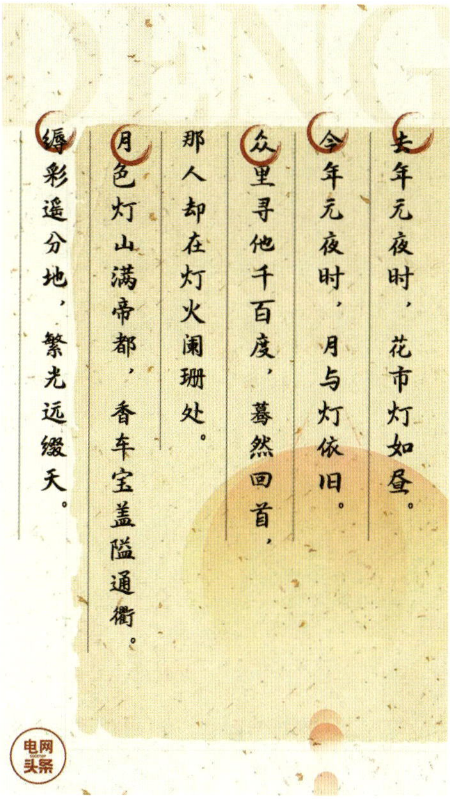
DENG
去年元夜时，花市灯如昼。
今年元夜时，月与灯依旧。
众里寻他千百度，蓦然回首，
那人却在灯火阑珊处。
月色灯山满帝都，香车宝盖隘通衢。
缛彩遥分地，繁光远缀天。
电网头条

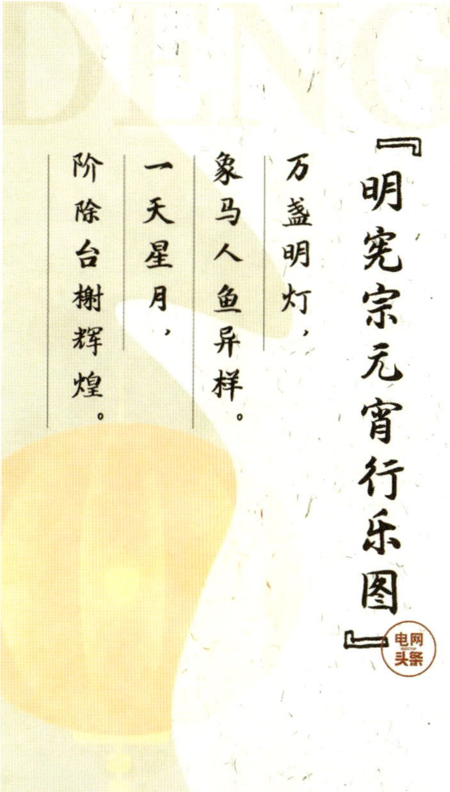
DENG
『明宪宗元宵行乐图』
万盏明灯，
象马人鱼异样。
一天星月，
阶除台榭辉煌。
电网头条

藁城宫灯
2006年被列入
河北省级非物质文化遗产名录
年产量近1亿对
年产值约20亿元
远销海内外市场
电网头条

藁城宫灯的起源地
屯头村
藁城宫灯第一村
电网头条

为助力宫灯特色产业发展，河北石家庄藁城供电公司为屯头村升级改造电网。屯头村宫灯生产用上充足电。在李伟利的宫灯生产企业里，大批网络订单纷至沓来，大家忙得不亦乐乎。“开网店4年了，网络销售的占比在逐年增加。”

如今，藁城宫灯已形成了完备的产业链，不仅占领国内90%的市场份额，还远销海外20多个国家和地区。宫灯已经成为当地百姓的致富灯、圆梦灯。

“花市灯如昼”，于古于今，见灯如归。宫灯不仅照亮黑夜，还点亮一份传承、一种文化，让人们心存希冀、向光而行。

随着电子商务的发展
屯头村基本形成
「家家有网店」的
电商联盟新格局
网络销售量
占总销售量的近三成
TSINGTAO
电网头条

宫灯销售旺
藁城供电公司西庄供电所
成立服务队
队员们每天上门服务
及时为宫灯企业
消除用电隐患
24小时可靠用电
保障网络销售
电网头条

请坐

椅子
起源于“胡床”，
汉朝进入我国，
唐朝逐步流行。

扫描二维码观看视频

椅子是日常生活中不可或缺的家具之一。它形制古老，却有万千姿态。

作为坐具，它不仅实用，还反映着起居方式、社会礼仪、生活品质、审美情趣等的演变。

一句“请坐”，简单直接，却能拉近人与人之间的距离。无论何时何地，只要有一把椅子，就能为人们送上一隅安逸空间。

日常生活中的椅子来自哪里？答案或许出乎意料。

青山连绵，绿水荡漾。这个人口不足60万的小县城，其椅业占国内市场的三分之一，椅业产品出口量占全国的二分之一，被誉为“中国椅业之乡”。它就是——浙江省湖州市安吉县。

研究坐具，安吉“坐而思”也“立而行”。这里的椅业起步于20世纪80年代。1982年，安吉研制出第一把五轮转椅，不仅造型前卫，还使用方便、功能多样。从此，安吉转椅声名远扬，进入快速发展期。

2013年，安吉椅业开始尝试“机器换人”。历经10年发展，新技术层出不穷、产业链不断完善、竞争力持续提升，转椅走向世界。

走进安吉制椅厂家，你会看到打包机、注塑机、电焊机、养护焊机、自动弯管机一应俱全。生产线上，各种精密、自动化机器高速运转。

高端的转椅品质离不开自动化生产线的稳定运行、离不开高质量的电力供应和优质的供电服务。2010年，当地政府申报“安吉椅业”为集体商标。安吉椅业逐渐形成了集研发、生产、销售、服务为一体的大规模产业集群。安吉走出了一条小县城的特色产业发展之路，在世界舞台大放异彩。

火遍海内外的安吉转椅不断苦练“内功”，向“智造”“低碳”发展。2017年，以安吉制椅企业为主导的《健康座椅白皮书》发布，标志着安吉椅业成功转型为高端“智造”和绿色家居行业。

安吉供电公司根据客户发展需求，依托专业的碳效工程师队伍和节能减碳一体化服务机制，为转椅企业量身打造“供电+能效”服务。

注塑机是转椅产业的用电“大户”，如何实现降本增效？经过深入调研，2021年安吉供电公司向转椅企业推广新型节能合金发热圈。“绿色”动力转活了转椅产业，制椅走向清洁化、低碳化。

小小转椅带动了地方经济发展。如今的安吉，游客流连、产业勃兴，乡村美、百姓笑、产业兴的美好生活也在不断书写。

真有两把刷子！

“懒起画蛾眉，
弄妆梳洗迟”
抹胭脂、
画黛眉、
贴花钿……
爱美风潮，
自古有之。

扫描二维码观看视频

不论浓妆，还是淡抹，精致的妆容，少不了专业的化妆工具。化妆刷，衍生自毛笔，经时间沉淀，制作愈发精致，用途逐步细化。

一把把大小不同、一字排开的化妆刷，衬托出主人的专业气场。画腮红、打高光、描眼影……手腕抖动，刷子翻飞，刷毛随之律动，宛如一曲和弦，美丽的妆容逐渐呈现，浓淡间尽展水墨境界。

小小化妆刷
刷出国际范

美妆界流传着一句话：“中国毛刷千千万，河北青县占一半”。青县位于沧州市，是中国化妆刷之乡。

沧州化妆刷有多牛？如果你在抖音、小红书、哔哩哔哩等平台搜索“化妆刷”，就会发现，十个美妆博主中有五个都在推荐沧州化妆刷。

化妆刷虽小，却有大学问。一把化妆刷由刷毛、口管、刷杆组成，看似简单，实则很有门道。

就拿毛刷制作和筛选来说，刷毛制作需入杯、墩杯、捆线、剪根、穿管、修型、定型等工序，要想制成质量上乘的刷毛，凭的是“超群功夫”。

动物毛等级从低到高分为单齐、双齐、零号、蹄短、黄白尖、白尖峰、中光峰、细光峰八个等级，择优汰劣靠的是“火眼金睛”。

从代工到原创
化妆刷之乡“出圈”

青县毗邻天津，是沧州的北大门。地理位置优越，交通运输便利。

青县第一家外资化妆刷企业可追溯到1995年。2006年，青县第一家本土制刷企业成立，从为国外品牌代工起步。凭着技术起点高、产业链完善，青县制刷企业争创自主品牌和专利产品，专注深耕多年，终于在化妆刷业有了自己的一席之地。

“电商+直播”让青县化妆刷搭上互联网发展的快车，淘宝村、网红店、美妆主播等应运而生，“种草、爆单、秒没”已成为电商主播们的口头禅。

鉴定一把刷子质量如何，门道颇多。毛峰细直、弹性充足、触感细腻、取粉量大、晕染力强……

而现在，买家只需认准产地沧州青县，就可“闭眼下单”。

电力护航产业
“颜值经济”致富

化妆刷行业的快速发展，离不开电力的有力支撑。毛刷“走出去”，除了产品过硬，还乘上了这几年电商和物流业发展的东风。

直播常常昼夜不停，网上订单纷至沓来，传送设备运转不息……可靠的供电，优质的电能质量让直播带货、包装传送、物流运输等环节高枕无忧。

2021年，青县“美丽乡村电网建设”全面完成，电力从“用得上”转变为“用得好”。化妆刷行业的快速发展，离不开优质的供电服务。

深入企业车间、了解用电需求、检查生产设备，保障客户用电放心、用电舒心。

供电网格化服务标准提格升级，为化妆刷行业插上腾飞翅膀。如今，自主品牌已成国货之光，高端定制、电商销售、文创产品打造带动产业链条不断延伸，集群效应日益凸显，赢得化妆刷行业半壁江山。

同时，有电力相助，搭载“互联网+”的快车，青县化妆刷产业成为促进经济社会发展、带动群众致富的“颜值经济”强大引擎。2022年，化妆刷产业为青县创造营业收入近30亿元，创汇超4000万美元。河北青县还“真有两把刷子”！

“老铁”，来这撸铁！

专心致志雕刻身材，
感受肌肉与力量的微妙变化。
健身，
从古至今广受健康人士的喜爱。

人类健身由来已久

据说，最早的健身房诞生在崇尚健美身材的古希腊。为了让士兵体魄强健，战场上勇猛冲锋，健身方式应运而生。跑道、铁环、拳击袋……各种器材一应俱全，甚至还配有浴室。

在中国，力拔千钧的西楚霸王，酷爱举鼎；东晋武将陶侃朝运百甓于斋外，暮运于斋内，独创“搬砖”健身法；魏晋当红偶像嵇康，每日于柳树下赤身打铁，吸引了一大波“迷弟迷妹”。到了唐朝，士兵以石锁训练，专练两臂提掖之力，这不就是古代版的壶铃吗？

当代全民健身热潮涌动，越来越多的男女老少开始在闲暇之余，来到健身房撸铁，肆意享受多巴胺带来的快感。

抓住产业机遇 出江入海

你是否知道，健身房里的健身器材70%都来自山东西北部的德州宁津县。过去最有名的是杂技、斗蛐蛐、五金制造。而现在，这里最出名的正是健身器材行业。

2001年之前，在宁津，鲜有人知健身器材是何物。但短短20年间，这里已经成为中国商用健身设备的大本营。

2001年前后，国内的健身产业刚起步。宁津县一位年轻的机械工匠，听说南方的健身器材市场火爆，发现了商机。他花了2个月的时间，对照一本健身器材画册，自己设计图纸，和一帮工人敲敲打打，做出了宁津第一台健身器材。随后，他创建了宁津第一个健身器材品牌。由于价格较低且服务优质，市场逐步打开。

原本就有五金机械产业底子的宁津县，大大小小的健身器材厂，开始像雨后春笋一样冒了出来。毗邻京津冀的区位优势和交通优势，让质优价廉的健身产品，迅速出江入海。

2015年，德州被纳入《京津冀协同发展规划纲要》。宁津的制造业，更是迸发出空前的活力。

健身器材产业园区建了起来，机械加工和模具制造相关企业向园区聚集，产业链上下游资源整合了起来。

“智改数转”电力赋能

早些年，宁津的健身产品多是用手工车床加工。靠人力组装，不仅费时费力，而且产品质量良莠不齐。

制造到智造，是产业大势。如今，宁津引进工业互联网平台，企业“智改数转”，设备换芯、生产换线、机器替人、产业链上云。

走进宁津健身器材产业园区，数控下料机、数控弯管机、激光切割机、喷涂组装流水线、进口焊接机器人……各司其职，机械手挥舞间，一个又一个零部件焊接、组装完成……

数智化转型带来了好品质和高效率，这背后需要充足稳定的电力支撑。

当地供电企业为健身器材制造产业实施“定人、定期、定制”服务，深入企业了解用电需求，“一对一”提供节能咨询、综合能效分析，帮助企业优化用能方式。

澎湃的绿色电能，源源不断流向生产线，为宁津的健身器材产业注入动能和活力。

2023年以来，宁津供电公司针对健身器材企业生产情况，向企业推广分时电价政策，平均每月可为企业节省电费开支上万元。

目前，宁津拥有全国最大的商用健身器材产业集群，越来越多的新企业在这里抱团发展。

面对新入驻企业的用电需求及原有企业的增容需求，宁津供电公司开辟专项服务绿色通道，精简办电流程，缩短办电时限，推广临电租赁业务，让客户最短时间、最低成本用上放心电。

宁津县健身器材产业总产值约87.6亿元，从小作坊到全链条，从代工到自主品牌，从制造到智造，小产业成就了大品牌，也激活了一方经济。宁津县这座小县城，从无人问“津”到了享誉世界。

这里健身器材产业，正在向大健康产业迈进，品牌蜕变之路将越走越宽。

石上一曲“人间乐”

北京天安门广场华表耸立，
人民英雄纪念碑庄严肃穆，
其上的精美石雕令人赞叹。
可能你想不到，
它们竟都与一个小县城密不可分。

“雕刻之乡”

传二十年

曲阳雕刻迄今已有2000多年的历史。

自西汉始，曲阳石工即用大理石雕刻碑碣等物。满城汉墓出土的5件汉白玉男女俑，即为曲阳黄山汉白玉雕刻而成，它是迄今发现的年代最为久远的曲阳石雕作品。汉武帝盛赞曲阳为“雕刻之乡”。到了唐代，曲阳已是我国北方地区最大的汉白玉雕造中心。元代以后，这里名家大师辈出。20世纪初，曲阳雕刻万国博览会上夺银。至此，“天下咸称曲阳石雕”。

云冈石窟、龙门石窟、圆明园、颐和园，都凝结着曲阳工匠的艺术智慧。

一锤前年 生生不息

在曲阳有句民谣，“上到九十九，下至刚会走。要说打雕刻，人人有一手”。2000多年来，锤钎击石之声从未在这里中断。古老的曲阳石雕，在后辈手中不断推陈出新。

如今，曲阳石雕与时俱进，造型更加丰富多彩，手艺更加精致细腻，应用场景更加广阔。

近年来，当地重视文化产业，曲阳雕塑文化产业园开园，雕刻业愈发规模化、集约化、产业化。

“电”石成金 “玩”出新意

传承千年的曲阳石雕，如今“玩”出了科技范。市场需求不断升级，曲阳雕刻技艺也引入了电脑雕刻、机器加工。传统与科技美妙邂逅，赋予了石雕新生与新意。

用电需求增加，电网改造给力，设备提档，服务升级。传承历史，弘扬石雕文化。电力赋能，助推产业发展。

“叮当，叮当……”金石本无言，“电”石可成金。在曲阳，伴随手起锤落，奏响一曲“人间乐”。一锤千年，尽显风华绝代。

2020 年以来

河北保定曲阳供电公司投资

14825 万元

新增或改造 10 千伏及以下线路

726 千米

台区 175 个

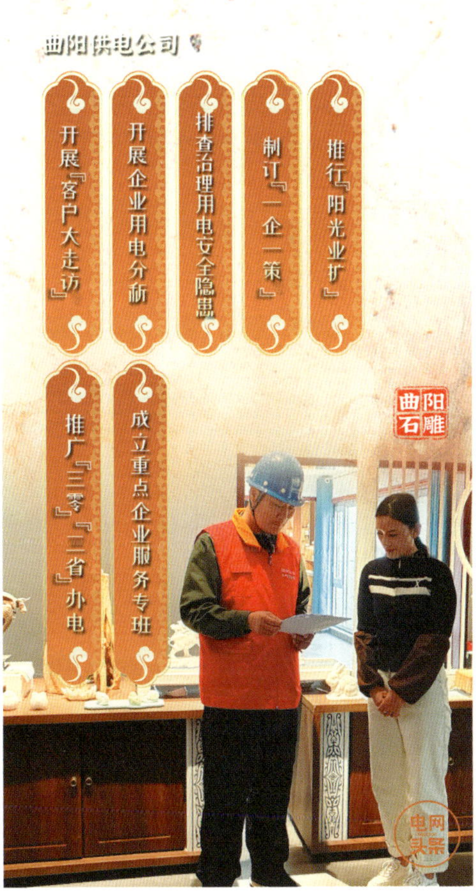

中华竹都

相传远古时期，
女娲娘娘补天时在四川万岭山遗落一块赤石。
仙女瑶箐自天南而下落脚于此，
日出日落，
播撒翡翠。
一棵棵嫩笋破土而出，
一排排新竹长成翠色，
最终贫瘠的山岭变成了一块美丽的“碧玉”。

天宝宜宾，蜀南竹海，闻名遐迩。竹林绕城满眼绿，推窗见竹，开门见喜，“中华竹都”名副其实。

一代又一代宜宾人，种竹、赏竹、用竹、食竹，衣之有竹布，食之有竹笋，写之有竹管，书之有竹纸，将竹之品格浸润至生活点滴。

竹景——竹里山河美

蜀南，气候温润多云雾。山岭丘谷，沃土生竹，雨露浇灌，日月照拂，经千年风霜，造化出“云山竹海”的胜景。

一江清水，两岸翠竹，山水如诗，竹海碧浪，四川最美风景线旅游区有17个，最负盛名者当属“蜀南竹海”。

北宋黄庭坚震撼于绿波万顷：

“壮哉，
竹波万里，
峨眉姊妹耳！”

剧作家曹禺也赞美这方水土：

“云山竹海，
天上人间。”

漫步竹径，高山峡谷竹影婆娑，翠竹林中溪流纵横，飞瀑高悬湖泊如镜，听水鸣鸟啾，观绿竹野花，撑竹筏游湖，逛千年古镇，美哉，快哉！

竹食——无竹不成席

宁可食无肉，不可居无竹。

竹之于文人墨客是寄意言志的情怀象征，之于食客则是大自然赠予的珍馐。数百年来，宜宾人就地取材开发出一席浑然天成的“宜宾全竹宴”。

清脆的竹笋、鲜美的竹荪、爽滑的竹菌、香软的竹筒饭、绵嫩的竹豆花、醇香的竹腊肉……10多个大类208道菜品精心烹饪成佳肴，清雅鲜香惹人馋，让食客吃到国宝大熊猫的同款“国宝套餐”。

竹艺——刀下留诗画

面慈目善，须发如竹根，手持一根“竹如意”，象征“竹报平安”，这座诞生于明正德十三年的竹公神像至今已有500年。

据史料记载，唐代宜宾已盛产楠竹且精于利用，明代竹制品融入百姓生活。其中，江安的竹簧工艺是其上品，被列入国家级非物质文化遗产代表性项目名录。

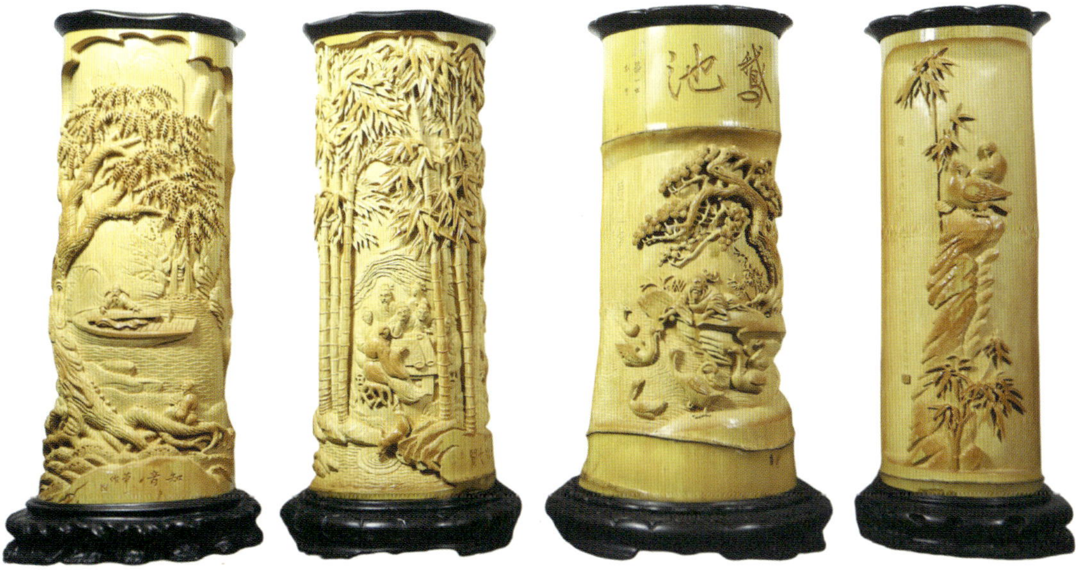

400余载沉淀的造物美学赋予竹簧工艺粗犷、质朴、精美的艺术特色。在这里，竹匠师傅们是天然的美术家、书法家、雕刻家。他们胸中有山水，刀下留诗画。

镂空雕、深浅浮雕、透雕，让一段段毛竹方寸之间，气象万千，呈现出一幅幅云卷山水、飞瀑直下、渔舟唱晚、栈道松林的画卷。

竹业——做“竹”文章

从一竿翠竹到万顷碧波，从竹笋、竹荪到无竹不成席，从老手艺、新篾匠到非遗竹艺。

智慧的宜宾人与竹为伴、竹尽其用，以竹为媒、竹旅融合，形成的竹浆造纸、竹建筑、竹家具、竹工艺、竹食品、竹生态旅游六大产业成为这里高质量发展的“金钥匙”。

电力好，产业兴。宜宾供电公司下“竹”功夫做好供电服务。

如今的宜宾，蜀南竹海天下翠，一品方知人间美，可靠电力勤加持，竹业乘势节节高!

立“竹”生态，
铆“竹”干劲，
做“竹”文章。

弦外之音

在山东，
有这样一个“摇滚”小镇。
村民拿起锄头种地，
放下锄头制琴。
亦农亦工，
是当地人的真实写照。
这里也是无数人
“摇滚梦”开始的地方。

现在的郿郚，有108家乐器企业和相关配套厂家，5000多名从业人员，产品涵盖8大种类，近400个花色品种，是中外驰名的“吉他小镇”。

手工制琴

工艺繁杂 产量难提升

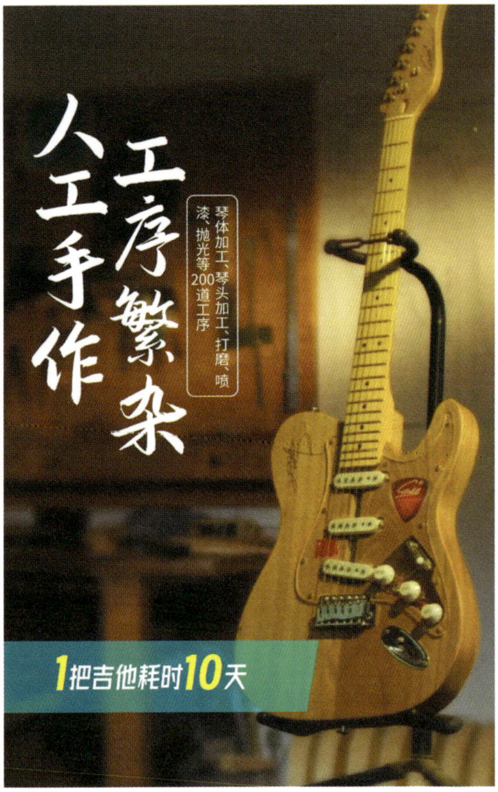

20世纪90年代初，山东省潍坊市昌乐县鄌郚镇里的一家乐器厂和外企合资，开始生产电吉他，鄌郚吉他从此起步。村民摇身一变，成为手工匠人，农闲时造吉他，一时风靡小镇，让无数村民有了副业收入。

手工做一把吉他，从选材、切割到组装、调音，共有八大工序。每一道大工序又有二三十道小工序，手工工作量极大。一个熟练的手工匠人每月也只能做出三把吉他。

质优价美的鄌郚吉他，在市场上得到消费者的追捧。订单量连年攀升，小镇的吉他“产能”却告急。在保证质量的前提下，大幅提升产量仅靠人工手作远远不够，鄌郚吉他匠人开始谋求新方法。电的加入，让“质”与“量”两手抓成为可能。

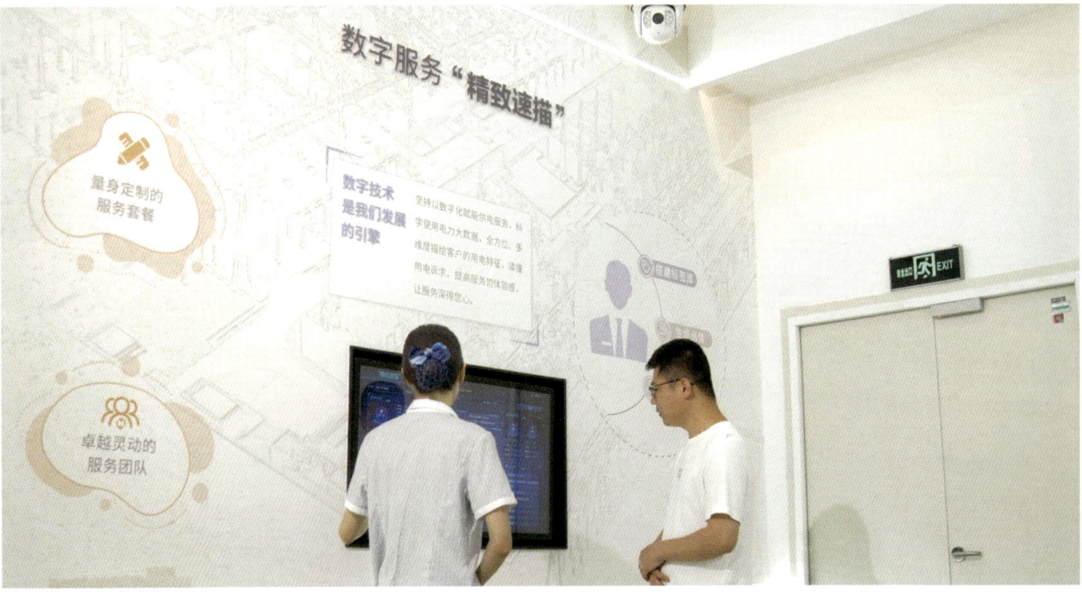

电力赋能

效率倍增 质量双保证

优秀的乐手需要一把好琴，优秀的吉他匠人也需要称手的工具。电气化带来的便利，让郿郚吉他走上了发展的“动车道”。

昌乐供电公司为吉他产业园区架设了两条10千伏线路，稳定高效的电能输送满足园区上百家企业发展需求，支撑起乐器生产数字化的升级诉求。

“精致速描”客户画像应用系统，精准研判各大乐器厂用能需求；组建特色“吉他用电服务队”，持续开展“四进大走访”“供电+能效”服务；助力企业降本增效，为吉他生产保驾护航。

在可靠电能的加持下，数控铣床等电气化设备助力，生产效率成倍提高，电吉他良品率大幅提升。一间厂房24小时生产800个吉他模型不在话下，吉他实现了规模化量产，质优效更高。

质优价美

畅销全球 拨动新节拍

现如今，郫部电吉他产量约占全国吉他产量的40%，销往世界各地年销售额达10亿元。

300余家海外电商客户，30多个国家和地区，21家海外代理商，来自全球各地的乐手拨动着“郫部出品”的电吉他。“中国吉他小镇”的名号响彻世界！

银线如琴弦，跳动电节拍。清朗琴音里，我们拨动美好生活的和弦，奏响和美乡村的振兴赞歌。

一纸传千年

轻似蝉翼白如雪，
抖似细绸不闻声，
均匀润墨分浓淡，
纸寿千年熠熠馨。
这是古人对“纸中之王”宣纸的美誉。

这一纸虽薄，
却能传千年，
百折不损，
光而不滑宜书宜画，
不腐不蠹。
齐白石以此泼墨群虾，
徐悲鸿于上驰骋骏马，
中国历史上的许多文书典籍、
书画珍品都赖此流芳百世、
光耀千秋，
古今中外的文人墨客皆对宣纸情有独钟。

扫描二维码观看视频

好山好水出好纸

铺一席泾县宣纸，书一笔水墨诗篇。安徽泾县，从古至今都被视为宣纸之乡。

好山好水出好纸，纸之制造首在于料。泾县地处山区，七山一水一分田，山川清淑、秀甲江南，生产优质宣纸不可或缺的原料。青檀树皮和沙田稻草就产于这里。

皮草择时而取，水源择地而用，在陡峭的喀斯特山地石滩上，一堆一堆宣纸原料平铺列阵，历经三九寒天酷暑三伏，接受阳光雨露的“淬炼”，才能晋级为合格的“燎皮”“燎草”。用这种原料制作纸张，是宣纸千年不朽的奥秘之一。

一笔落纸，焦、枯、浓、淡、湿，跃然而至、墨韵万变、浓淡清晰、层次分明。2006年，宣纸制作工艺被列入首批国家级非物质文化遗产。

古法制宣创新篇

文房四宝纸为先，自古国画画得好，一半功夫一半纸。在古法制宣工艺中，每一道工序、每一处细节都决定了一张纸的质量好坏。

在晒纸这个环节里，制纸工匠需要常年直面50摄氏度的热浪，行走于火墙前，展示着什么是真正的“有两把刷子”。

只见工匠用刷子上下一挥、左右一抹，不到10秒，一张薄如蝉翼的湿纸就贴在了烧热的火墙之上。宣纸的平整度全靠这几刷子。

以前的火墙是烧煤加热的土坯墙，仅晒纸前的准备工作就需要3个小时。土坯墙面烘久了，表面会渐渐开裂，半年不到就要重建。

2020年，在宣城泾县供电公司的协助下，中国宣纸股份有限公司对火墙实施了电气化改造升级，将土坯墙全部更换成了钢板蒸汽焙。火墙内部采用电加热循环水系统，实现了焙面温度智能化控制。

电让古法制宣推陈出新，从最薄的宣纸“扎花”到刷新吉尼斯世界纪录的最大宣纸“三丈三”，每一张宣纸都展现了强劲的生命力。电力赋能，宣纸产量飞跃提升。

宣纸故里上丝路

很多年前，老一辈的宣纸匠人靠着肩挑手扛，走出大山，踏出了一条宣纸销售之路。

这些年，互联网电子商务兴起，网上直播带货火爆。大家坐在家门口就可以卖宣纸，通过“网上丝绸之路”，宣纸乘风破浪，走得越来越远。

电亮产业发展之路，借“纸”发力，做活“文章”，这背后少不了可靠电力的保驾护航。

为线上经济增添新动能，一份份定制的电力服务“菜单”摆上了企业案头。随着供电质量不断提升，营商环境不断优化，泾县的宣纸产业也展现了新的活力。

一座乡村，书写千年历史；
一门技艺，传承百代浓情；
一张薄纸，带来产业振兴。

一幅村美民富的新画卷正在这张宣纸上，古墨尽显、彩韵万变。

云想衣裳花想容

越罗衫袂迎春风，
玉刻麒麟腰带红。
国潮正茂，
汉服风靡，
一袭锦绣华美汉服，
尽显中华传统文化之美。

山东菏泽曹县——中国汉服之都，每年从这里走出去的汉服，销量超过全国三分之二，年销售额超300亿元。全国汉服销量排名前2000的网店中，有1200家来自曹县。

近年来，曹县依托资源优势，聚力发展汉服产业。现有上下游企业2186家、网店12797家，绣花机3576台、印花机883台。从设计打版、印花绣花到电商销售、物流运输，凭借全电气化产业链曹县汉服闯出一片天地。

电力赋能
小作坊化身大工厂

曹县汉服靠的是“草根创业”。

2010年，当蔡楼镇第一件汉服通过电商平台成功售卖，命运的齿轮开始转动。一间房，一台绣花机、一台电脑、两口人，撸起袖子加油干！一时间家庭作坊遍布乡野，曹县汉服凭借着价格优势敲开幸运之门。

2018年，曹县政府打造大集镇淘宝产业园区。散布在乡间的家庭作坊相继入驻车间厂房。

设备上新、生产线升级，园区用电量飙升。曹县供电公司主动对接企业，了解用电需求。在大集镇配电台区新增32台配电变压器，为汉服生产提供可靠供电。

能量满格，生产无忧，汉服生产，换挡加速！

工艺升级

可靠供电底气十足

2023年，全国汉服市场近千亿规模。汉服时尚也有了新变化——采用印花工艺的新汉服受到更多消费者的青睐。敏锐的曹县人嗅到了二次创业的商机，在大集镇街头一家家数码印花门店成为新风景。

印花机的功率约100千瓦，启停一次约需200千瓦时电。在印花过程中如果突然断电，将产生上万元的经济损失。工艺的升级对供电提出更高要求。手机在线提交用电申请，1天送电到家，“邻里式”供电服务，让创业者足不出户“充满电”。

彩虹驿站

服务就在家门口

为了更好地服务汉服产业发展，曹县供电公司将电力彩虹驿站开到大集镇黄金地段，由专人值守，开启24小时办电绿色通道。

“汉服用电服务队”走街串巷开展“四进大走访”，一对一咨询、点对点把脉，让企业用上放心电。

灯火通明的产业园区，奏响致富的交响曲。电力小黄车穿行其间，把贴心服务送到车间，用电报装不出门，抢修保电十分钟，了却心头烦忧事，汉服生产“无级变速”，海量订单接到“手软”，小城生意越发热火朝天！

罗衣飘飘，衣袂翻飞。件件汉服里有华夏古韵、有致富梦想、更有电力赋能乡村振兴的坚定信仰。

曹县有新衣
电力赋能
国潮崛起

年画，画年

“天津城西杨柳青，
有个美女叫白俊英，
妙手丹青会画画啊……”

《画扇面》一首广为流传的民歌，
让才女佳人白俊英的形象成了杨柳青镇最好的代言，
也道出了这里与年画的渊源。

扫描二维码观看视频

千年古镇里的
岁岁年年

天津城西20千米，
千年古镇杨柳青，
是一个处处有民间情趣
和年画情节的地方。

走进古镇景区，
数十家年画作坊、店铺林立，
底蕴丰厚的历史文化
吸引八方来客。

让杨柳青名震四海的正是年画。说起杨柳青年画的繁荣发展，就不得不提“黄金水道”——京杭大运河。明清三代漕运兴盛，运河浩荡，穿镇而过。南方精致的纸张和水彩颜料迅速可达北方的杨柳青，为杨柳青年画的成长提供了滋养。

到了清代中晚期，年画业进入鼎盛时期，镇上的年画作坊就有上百家，周边30多个村庄的人也加入年画彩绘当中，形成了“家家会点染，户户善丹青”的画乡之势。借漕运之便杨柳青人将年画卖到全国各地。

点染丹青里的
文化密码

拥有400多年发展历史的杨柳青木版年画，蕴藏着古老而深厚的中国传统文化。如果你对此了解不够，可能读不懂杨柳青年画中的文化密码。

看这幅年画！大胖娃娃的头上一边绑着花，一边扎着辫，这代表着一边是子，一边是女，合起来就是个“好”字。娃娃抱着的大鱼，鲶鱼头、鲤鱼身代表着“年年有余”“鲤鱼跃龙门”。金鱼尾则象征着财运。

年画勾勒出
人们心中的理想，
那里有
幸福的家庭、
殷实的生活、
欢喜的大年。

勾

画师构思，绘制年画稿，照画样勾出墨线。

刻

刻工按照墨线，雕刻出线版和套色版，这是中国的雕版技艺。

印

将画纸覆盖在涂有均匀颜料的画版上，用鬃刷来回刷平。墨线和套色版的精准度经过成千上万次练习而得。

裱

将成形的图画装裱起来，精工艺美的年画成为收藏或馈赠的佳品。

绘

手工彩绘赋予丰富色彩。这道工序融入宋元绘画和中国工笔画重彩的特点，这是杨柳青木版年画的独特之处。

杨柳青木版年画作为国家级非物质文化遗产之一，其制作方法为“半印半画”，即先用木版雕出画面线纹，再用墨印在纸上套印过两三次单色版后，以彩笔填绘。“版味”融合“木味”，搭配色彩斑斓的手绘，民间艺术的韵味浓郁。

杨柳青年画，
一年鼓一张，
买回家来，
喜气洋洋。

精艺匠心里的
传承发展

霍庆有老先生是国家级非物质文化遗产项目杨柳青木版年画的代表性传承人，自幼受父亲亲传成为杨柳青木版彩绘年画世家的第六代传人。

努力培养下一代，成为霍庆有肩上更重的担子。如今，霍树林从父亲手中接过“接力棒”成长为杨柳青木版年画世家第七代传承人。

“年画+文创”
“年画+产业”
“年画+旅游”

创新，让传统年画艺术具有新的生命力。

近年来，天津市西青区盘活年画产业资源实施年画振兴工程。

杨柳青木版年画的历代创作者们敏锐地感知着时代的风向标，将民间智慧与当代文化相结合定格在一幅幅年画当中。时代变迁、文化传承、技艺升级、产业发展。天津城西供电公司为年画产业全过程赋能，定期开展用电隐患排查，主动对接客户开展网格服务，确保24小时可靠供电，小镇用电无忧。

一张张年画，
融人间烟火，
染精彩生活。
一年一画，
一画一年。

致谢 Acknowledgement

感谢以下单位对本书出版的支持

国网安徽电力　国网福建电力　国网河北电力　国网河南电力　国网黑龙江电力
国网湖北电力　国网湖南电力　国网吉林电力　国网江苏电力　国网江西电力
国网辽宁电力　国网宁夏电力　国网山东电力　国网陕西电力　国网四川电力
国网新疆电力　国网浙江电力　国网重庆电力　国网天津电力

安徽宿州供电公司	安徽宣城供电公司	福建泉州供电公司
福建三明供电公司	河北保定供电公司	河北沧州供电公司
河北石家庄供电公司	河南洛阳供电公司	河南平顶山供电公司
黑龙江哈尔滨供电公司	湖北荆州洪湖供电公司	湖南岳阳供电公司
湖南长沙供电公司	吉林省吉林市供电公司	江苏连云港供电公司
江西赣州供电公司	辽宁丹东供电公司	宁夏中卫供电公司
山东德州供电公司	山东菏泽供电公司	山东日照供电公司
山东威海供电公司	山东潍坊供电公司	山东烟台供电公司
山东淄博供电公司	陕西宝鸡供电公司	陕西西安供电公司
四川成都供电公司	四川宜宾供电公司	天津城西供电公司
新疆阿克苏供电公司	新疆阿勒泰供电公司	新疆巴州供电公司
新疆博尔塔拉供电公司	新疆昌吉供电公司	新疆喀什供电公司
新疆乌鲁木齐供电公司	新疆伊犁供电公司	浙江杭州供电公司
浙江湖州供电公司	浙江金华供电公司	重庆川东供电公司
安徽宿州砀山供电公司	福建泉州晋江供电公司	河北保定曲阳供电公司
湖北荆州洪湖供电公司	江苏连云港东海供电公司	江西赣州南康供电公司
辽宁丹东东港供电公司	山东德州宁津供电公司	山东菏泽曹县供电公司
山东威海荣成供电公司	山东潍坊昌乐供电公司	山东烟台招远供电公司
陕西西安鄠邑供电公司	四川成都郫都供电公司	新疆伊犁霍城供电公司
新疆伊犁伊河供电公司	浙江湖州安吉供电公司	

（以上单位名称均为简称）

Acknowledgement

感谢以下人员对本书出版的贡献

白　玉　包　涛　鲍巧敏　蔡宜航　曹亚伟　陈安琪　陈海明　陈　鸿

陈伟义　陈薪成　崔浩杰　崔　磊　崔　猛　戴易琳　邓　梁　邓意红

董开泰　董振茂　樊　洁　范增琴　方灵燕　房晟名　冯扬洋　富岑滢

高晓华　高雪梅　高　毓　谷宁波　郭　寒　郭　鑫　郭铁敏　洪　颖

胡　斌　胡世杰　霍煜麒　江春增　焦　健　康　伟　冷少刚　李莹洁

李　珏　李万峰　李叶超　李奕佳　李　毅　廖　帆　林熙熙　刘　达

刘　皎　刘　瑾　刘曼曼　刘敏学　刘宣烨　刘亚辉　刘轶群　刘永顺

马占财　马子儒　麦迪娜·库热西　聂维刚　努尔别克·努尔曼　庞涛丹

钱子聪　申甲雁　沈靖园　沈泽洲　石万鑫　史媛媛　疏雅慧　苏　格

孙　溢　孙瑜阳　谭　琰　唐琪琪　唐　伟　王　斌　王从航　王　骞

王　亮　王　蒙　王　琴　王青青　王润泽　王晟伟　王文辉　王　毅

王毅恒　王颖超　吴京晶　吴梦璐　吴希腾　武玉坤　夏春秋　谢华忠

邢　奥　徐　晨　徐紫婕　许保琨　许　苗　许雅琪　薛瑜萍　闫　亮

闫卫杰　阳　佳　杨　茜　杨小丽　杨云霞　杨振宇　游　波　游绍斌

原一杰　远德亮　张百运　张　闯　张德峰　张金鑫　张　蕾　张力峰

张　平　张晓东　张　艳　张亦冰　张正杰　章　明　赵　磊　赵婷婷

钟利霞　周广科　周　莹　朱　丽　庄淑英